Janne Graf • Brigitte Fischer

Häkeln lernen

Das 20-Projekte-Einsteigerprogramm

OZ creativ

VORWORT

Janne Graf ist verantwortlich für Konzept und Texte

Brigitte Fischer zeichnet alle Lehrgangsbilder

Liebe Leserinnen, liebe Leser,

diese Maschen haben nur einen Haken: Der ist rund gebogen und sitzt am Ende der Häkelnadel. Haben Sie diese und das Garn Ihrer Wahl, dann lernen Sie jetzt häkeln! Praxisnah, ganz entspannt und mit tollen Erfolgen von Anfang an.

Ihr erstes Projekt ist eine trendy Handtasche. Alles, was Sie wissen müssen, um das Teil selber zu machen, wird dabei genau erklärt. Zu jedem Schritt gibt es eine Bildfolge, die alles zeigt, mit Erklärungen, die jeder versteht. Keine überflüssige Theorie, nur genau das, was Sie für Ihr Modell brauchen.

So geht es von Projekt zu Projekt, Sie lernen also direkt beim Häkeln und mit jedem Projekt, das Sie abschließen, haben Sie etwas Neues herausgefunden und eingeübt. Learning by doing nennt sich diese Methode, und sie funktioniert!

„Das habe ich selbst gemacht!" ist ein Satz, den Sie oft und gerne sagen werden! Denn Häkeln ist in Mode und unsere Modellideen zeigen die ganze Vielfalt der Möglichkeiten. Bikini und Schmuck, Pullis, Jacken, Shirts, Mütze & Schal, Kissen, Teddy und vieles mehr: Dieser Kurs steuert alles an, was mit Häkelmaschen gut aussieht – aktuell, originell und sehr trendy!

Also, schnappen Sie sich Garn und Häkelnadel und legen Sie los! Lernen Sie Häkeln, haben Sie Spaß dabei und freuen Sie sich auf tolle Mode und Accessoires von eigener Hand!

Viel Spaß dabei wünschen

Janne Graf & Brigitte Fischer

Zur Orientierung: *Pfeilchen mit Seitenzahl (▸ 5) erinnern im ganzen Buch daran, wo der passende Grundkurs zum Thema steht.*

INHALT

Trendy Tasche

Dieser Anfang ist leicht! Nach dem Luftmaschenanschlag werden nur feste Maschen gehäkelt. Ganz einfach, schlicht und schön!

Umhängetasche in Oliv

Größe:
25 x 22 x 6 cm

Material:
- „Emotion mit Duftnote" von Lang (70 % Baumwolle, 30 % Polyamid Microfaser, Lauflänge 95 m/50 g): ca. 150 g Oliv Color mit Jasminduft 199 und ca. 150 g Oliv mit Jasminduft 97
- Häkelnadel Nr. 4
- Gürtelschnalle
- Bügelapplikation
- Druckknopf, 1,8 cm Ø

So wird es gemacht:
Zunächst nehmen Sie die Häkelnadel in die rechte Hand.

Grundkurs

Nadelhaltung
Bei der Nadelhaltung gibt es im Prinzip zwei Alternativen, probieren Sie aus, welche Ihnen am angenehmsten ist.
1. Die Nadel wie einen Bleistift halten.
2. Die Nadel wie eine Stricknadel halten.

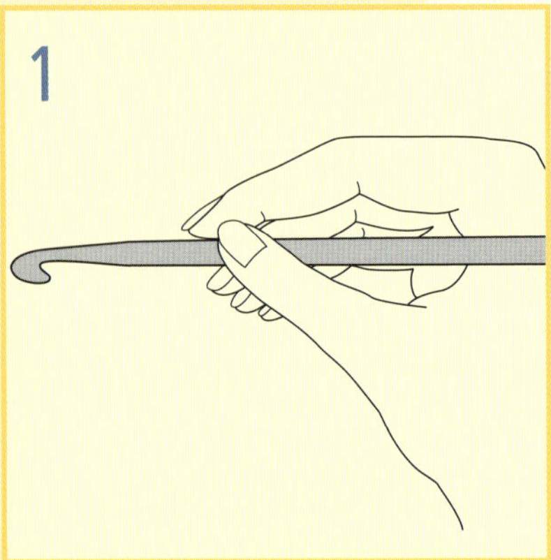

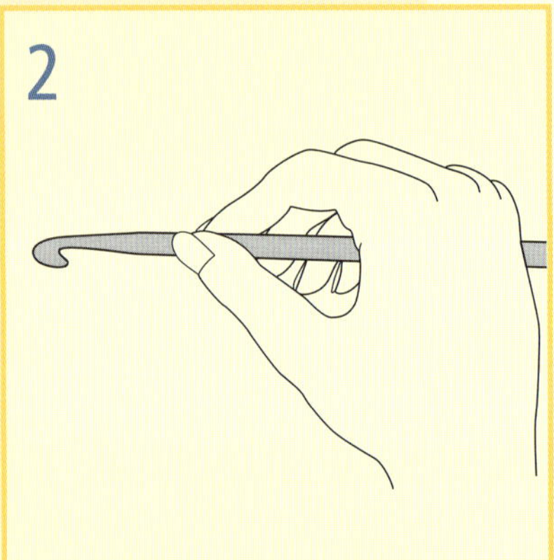

Für den Taschenkörper 50 Luftmaschen plus 1 Luftmasche zum Wenden in Oliv Color anschlagen.

Grundkurs

Luftmaschenanschlag
1. Den Faden wie im Bild gezeigt um die linke Hand legen.
2. Die Häkelnadel von unten in die Daumenschlinge schieben. Den Faden, der vom Zeigefinger kommt, mit der Häkelnadel fassen und durch die Daumenschlinge ziehen. Den Daumen aus der Schlinge nehmen.

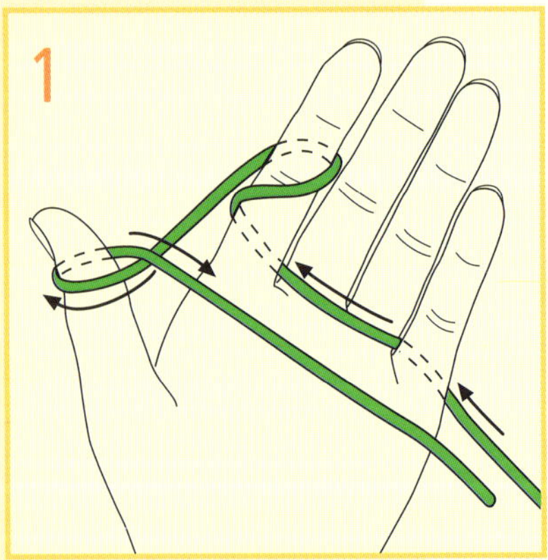

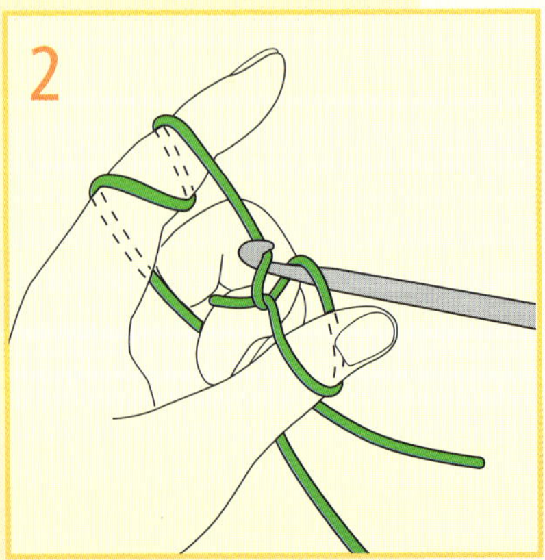

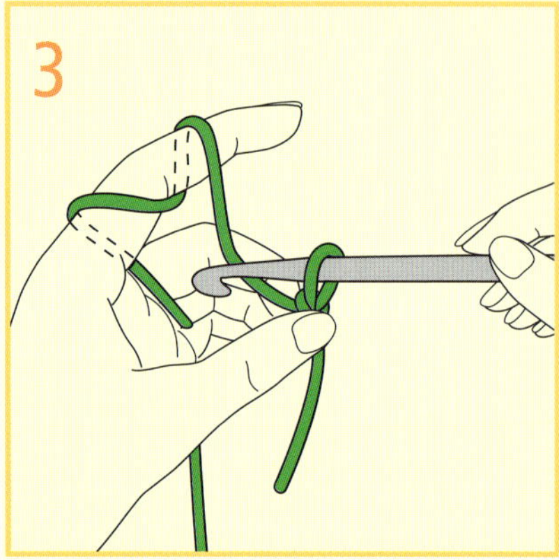

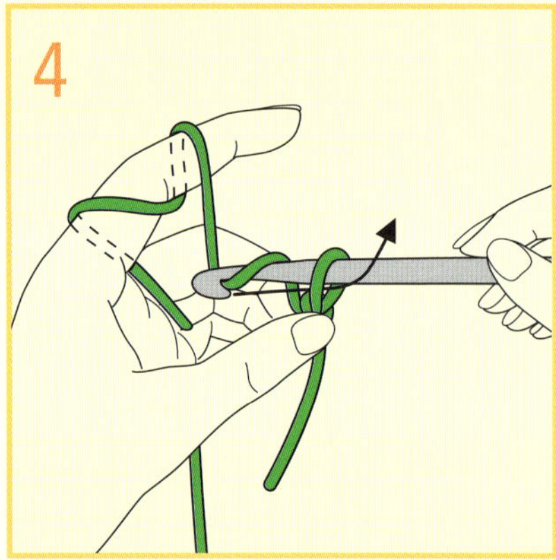

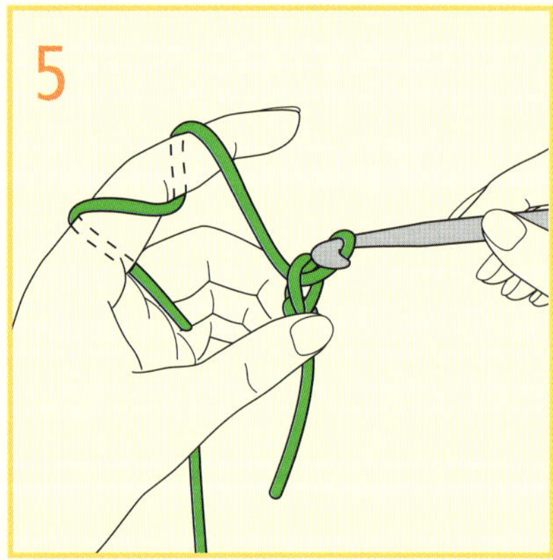

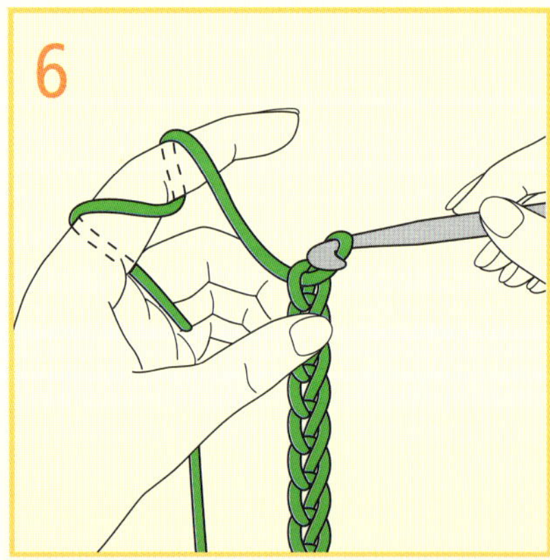

3. Nun ist der Anschlagsknoten fertig und eine Schlinge liegt auf der Nadel. Die Schlinge so anziehen, dass sie locker auf der Nadel liegt, aber nicht herunterrutscht.
4. Den Anschlagsknoten mit Daumen und Mittelfinger halten und den Faden, der vom Zeigefinger kommt, von hinten nach vorn über die Nadel legen.
5. Diesen Umschlag durch die Anfangsschlinge ziehen.
6. Die Schritte 4 und 5 stets wiederholen, bis die gewünschte Luftmaschenanzahl erreicht ist. Dabei jeweils die letzte Luftmasche mit Daumen und Mittelfinger halten.

Fortsetzung Seite 8

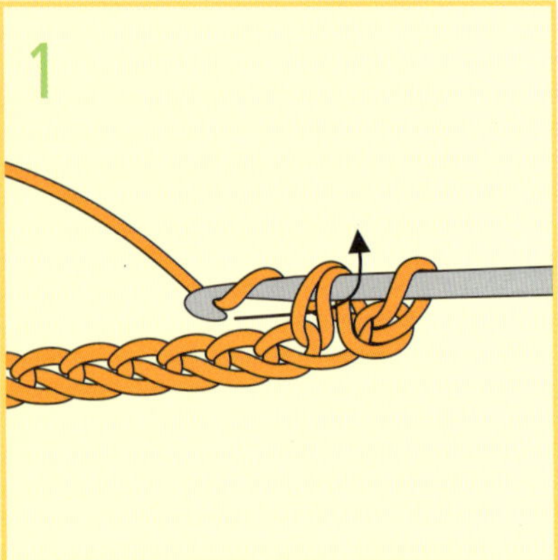

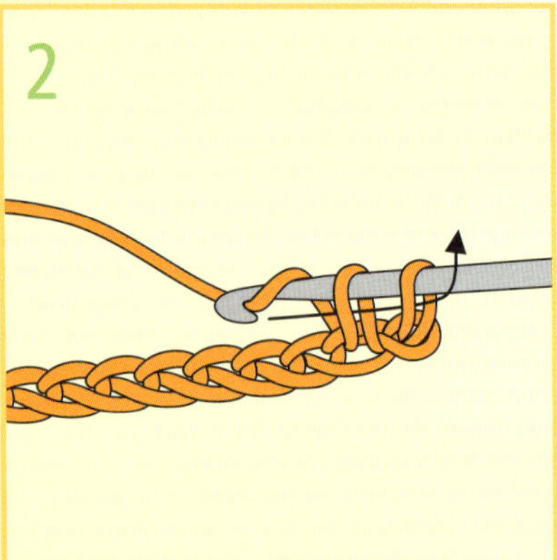

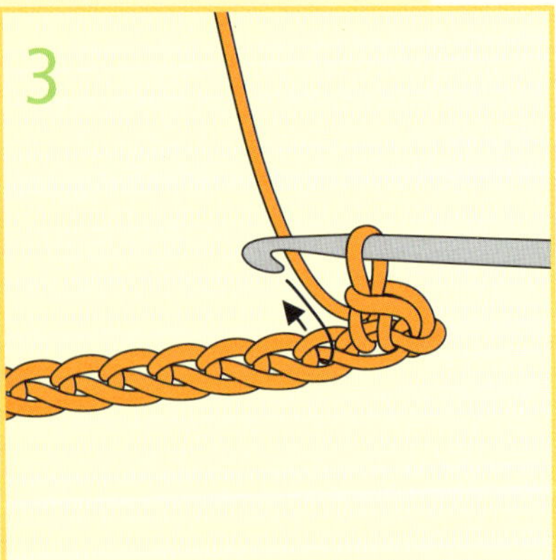

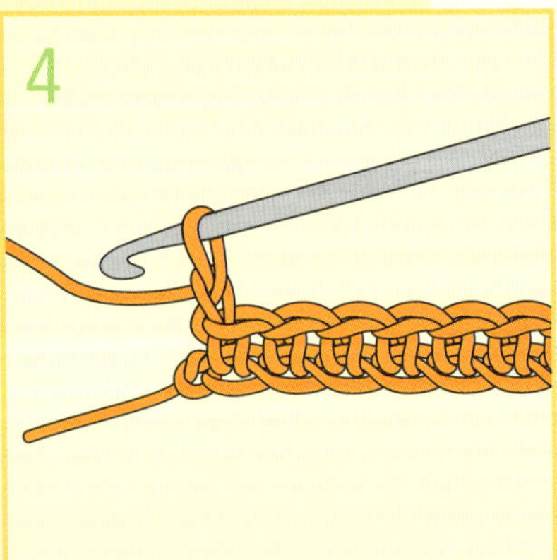

Fortsetzung von Seite 7

Die Tasche wird nur in festen Maschen gehäkelt.

Grundkurs

Feste Maschen

1. In die zweite Luftmasche von der Nadel aus einstechen, den Faden von hinten nach vorn um die Nadel legen.
2. Diesen Umschlag durchziehen, nun liegen zwei Schlingen auf der Nadel. Den Faden erneut um die Nadel legen und durch beide Schlingen ziehen.
3. Die erste feste Masche ist fertig. Nun in die nächste Luftmasche einstechen und die Schritte 1 und 2 wiederholen.
4. Am Ende der Reihe angekommen, eine Wendeluftmasche arbeiten. Dafür einen Umschlag bilden und durch die Schlinge ziehen.
5. Die Arbeit wenden, in die erste Masche der Vorreihe einstechen und eine feste Masche häkeln. Feste Maschen wie in Schritt 1 bis 2 beschrieben arbeiten bis das Ende der Reihe erreicht ist. Mit einer Wendeluftmasche die Arbeit wenden. Die dritte und jede weitere Reihe genauso arbeiten.

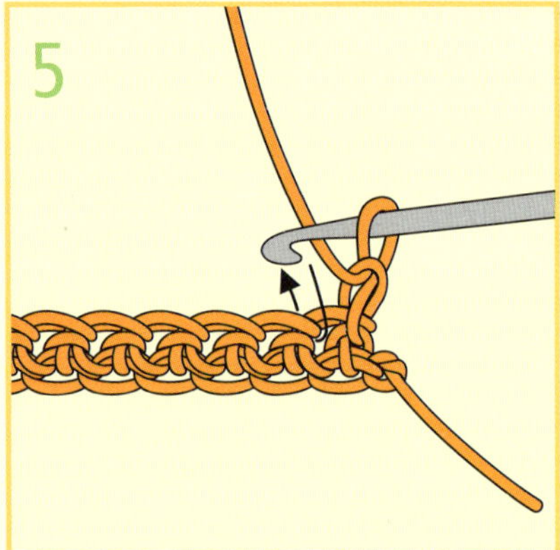

Nach 53 cm (ca. 122 Reihen) die Arbeit beenden.

Grundkurs

Arbeit beenden

Ist die gewünschte Reihenzahl erreicht, den Faden nicht zu kurz abschneiden.

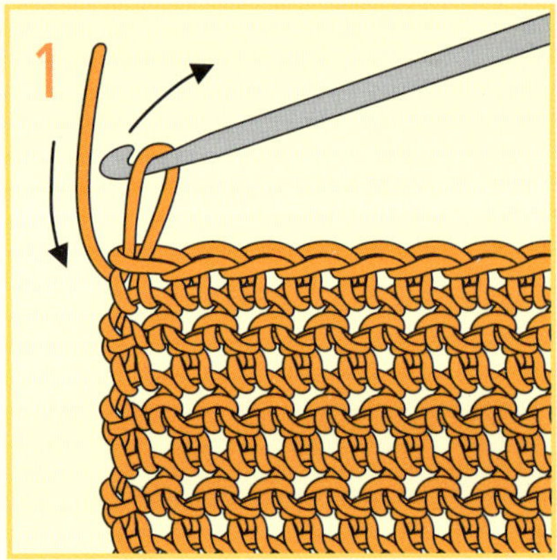

1. Den Faden durch die letzte Masche ziehen und fest anziehen. Dadurch bildet sich der Abschlussknoten.

Für den Verschlussriemen in Oliv 10 Luftmaschen plus 1 Luftmasche zum Wenden anschlagen (▸ 6) und feste Maschen häkeln (▸ 8). Nach 65 cm (ca. 150 Reihen) die Arbeit beenden.
Trageriemen und Seitenteile werden in einem Stück gehäkelt. Dafür in Oliv 10 Luftmaschen plus 1 Luftmasche zum Wenden anschlagen (▸ 6) und feste Maschen häkeln (▸ 8). Nach 130 cm (ca. 300 Reihen) die Arbeit beenden.

Alle Fäden vernähen (▸ 58).
Den Verschlussriemen mit Steppstichen (▸ 42) mittig auf die Vorderseite des Taschenkörpers nähen. Dabei schließt der Riemen mit der Oberkante der Vorderseite bündig ab und steht am Ende ca. 12 cm über.
Den Riemen links auf links, also mit außen liegender Häkelnaht (▸ 59), in Oliv an den Taschenkörper häkeln: Dafür zunächst die unteren 20 cm des Riemens seitlich an den Taschenkörper häkeln (= Taschenvorderseite), dabei für die Ecke in die letzte Einstichstelle drei feste Maschen häkeln (▸ 59), dann die Schmalseite des Riemens an weitere 4 cm des Taschenkörpers häkeln (= Boden der Tasche). Dann 20 cm des Taschenkörpers an die andere Kante des Riemens häkeln (= Taschenrückseite), dabei für die Ecke in die erste Einstichstelle drei feste Maschen häkeln (▸ 59).

Das andere Ende des Riemens genauso an die andere Seite des Taschenkörpers häkeln.
Gürtelschnalle über den Verschlussriemen ziehen. Den Druckknopf unterhalb der Gürtelschnalle aufnähen. Die Applikation laut Packungsanleitung aufbügeln.

Umhängetasche Blütenfrisch

Leuchtendes Gelb, strahlendes Weiß und dazu bunte Blüten – die Sommerversion der Häkeltasche macht gute Laune!

Größe:
25 x 22 x 6 cm

Material:
- „Emotion mit Duftnote" von Lang (70 % Baumwolle, 30 % Polyamid Microfaser, Lauflänge 95 m/50 g): je ca. 150 g Gelb mit Ginsengduft 13 und Weiß mit Aloe-Vera-Duft 1
- Häkelnadel Nr. 4
- 7 Margeritenblüten, 2,5–3 cm Ø
- Textilkleber
- Magnetverschluss, 1,8 cm Ø

So wird es gemacht:
Wie bei der Tasche in Oliv beschrieben mit gelbem Taschenkörper und weißen Riemen arbeiten, in Gelb zusammenhäkeln. Den Magnetverschluss anbringen und mit einer der aufgeklebten Blüten verdecken. Übrige Blüten aufkleben, evtl. Stiele kürzen.

Tipp:

Die Deko ist bei dieser Tasche entscheidend für den Look! Sie sieht in jeder Lieblingsfarbe gut aus und kann auch bestickt, mit Broschen geschmückt oder mit verschiedenen Knöpfen verziert werden. Lassen Sie Ihrer Fantasie freien Lauf!

Blickpunkt Taille

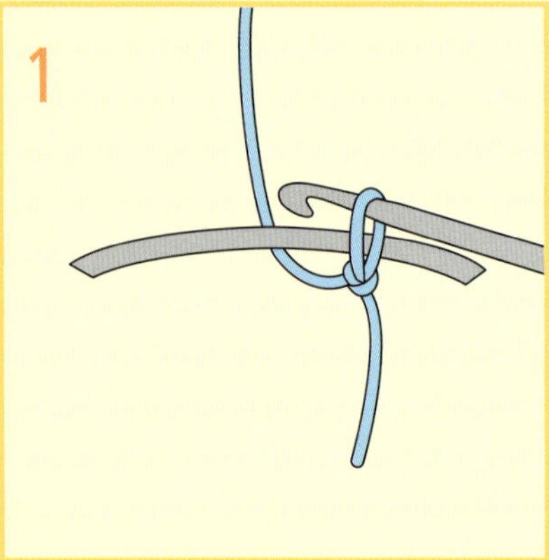

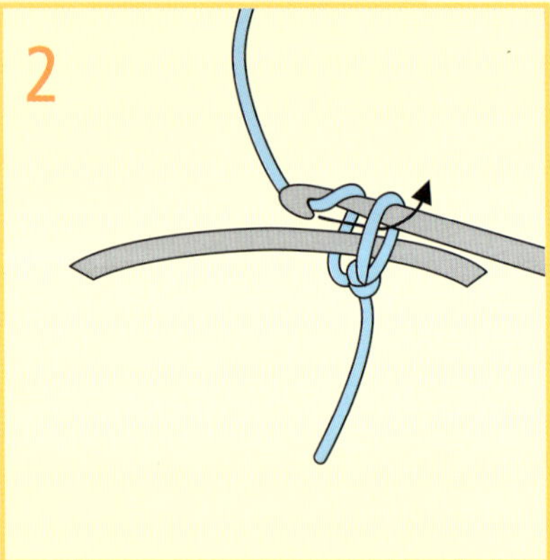

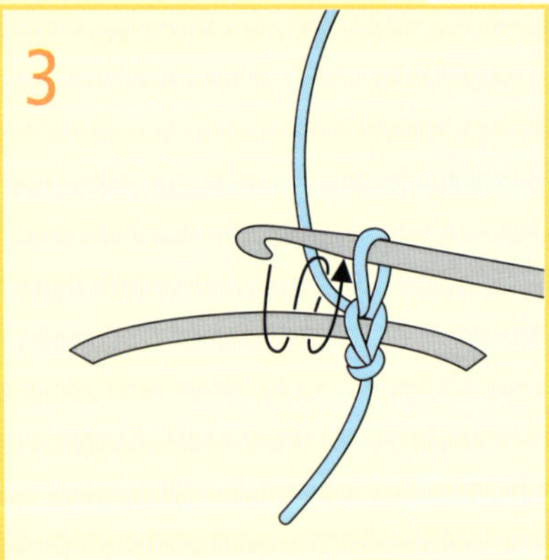

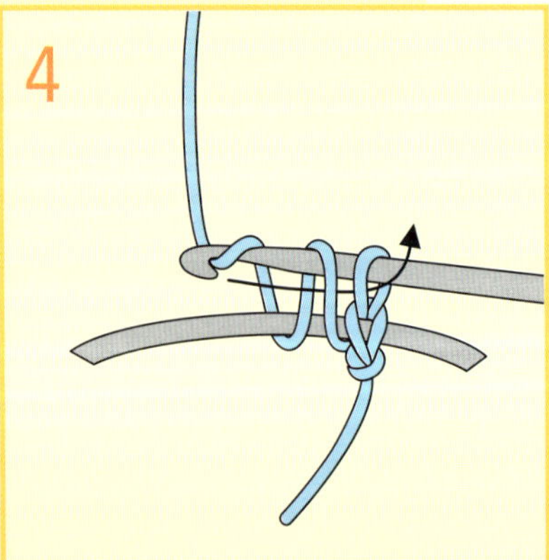

Gürtel sind vielseitige Accessoires, die Akzente setzen. Sie werden jetzt figurbetonend oder lässig auf der Hüfte getragen. Unsere gehäkelte Version in Meerestönen zeigt eine schöne Schnalle und blitzende Perlchen.

Gürtel mit Kristallperlen

Größe:
Alle Größen

Material:
- „Lerici" von Schoeller + Stahl (55 % Baumwolle, 45 % Polyacryl, Lauflänge 85 m/50 g): je ca. 50 g Pool 27 und Indigo 26
- Häkelnadel Nr. 5
- Gürtelschließe
- 72 Kristallschliff-Rundperlen, Capri Blue, 6 mm Ø

So wird es gemacht:

Anfangsschlinge wie beim Luftmaschenanschlag beschrieben (▸ 6) in Pool arbeiten und 8 feste Maschen um den Steg der Gürtelschließe arbeiten. Dabei darauf achten, dass der Dorn in der Mitte platziert ist.

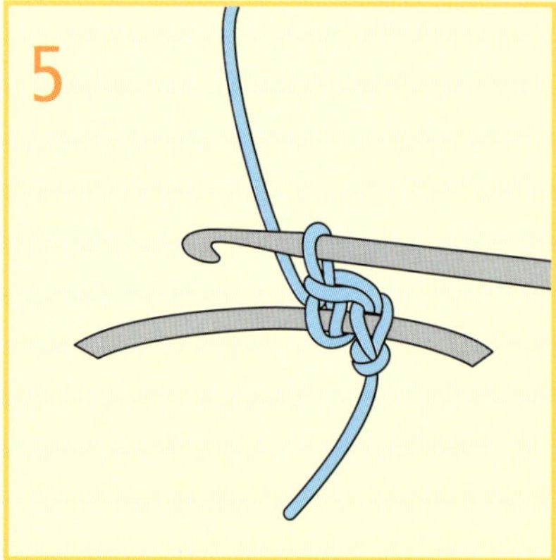

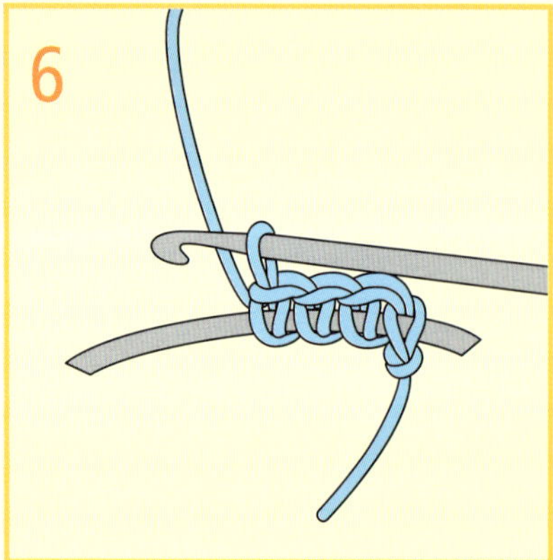

Grundkurs

Feste Maschen um einen Steg

1. Die Anfangsschlinge vor den Steg halten, den Faden dahinter führen.
2. Den Faden um die Häkelnadel legen und durch die Schlinge ziehen.
3. Die Nadel unter dem Steg nach hinten führen und den Faden zum Umschlag holen. Nun liegen zwei Schlingen auf der Nadel.
4. Den Faden erneut holen und durch beide Schlingen ziehen.
5. Die erste feste Masche ist fertig.
6. Die Schritte 3 bis 4 wiederholen bis die gewünschte Anzahl von festen Maschen um den Steg liegt.

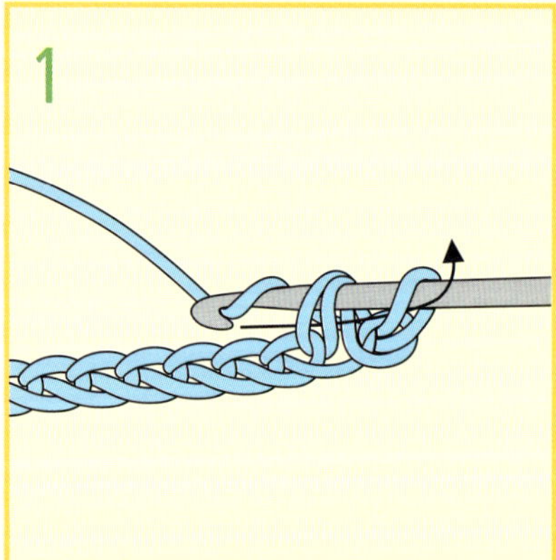

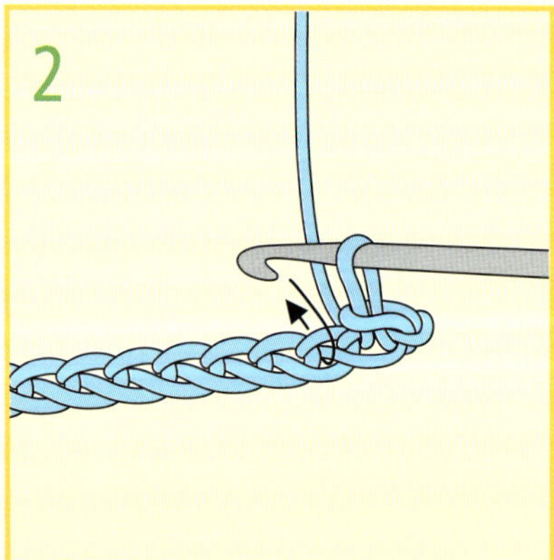

Nun feste Maschen häkeln (▸ 6). Nach ca. 1 m oder der gewünschten Länge für die abschließende Rundung beidseitig je 1 Masche abnehmen. Dafür am rechten Arbeitsrand 1 Masche mit 1 Kettmasche übergehen und am linken Rand die letzte Masche unbehäkelt lassen.

Grundkurs

Kettmaschen

1. In die zweite Masche von der Nadel aus einstechen, den Faden um die Nadel legen und diesen Umschlag durch alle Schlingen ziehen. Die Abbildung zeigt, wie eine Kettmasche in einen Luftmaschenanschlag gehäkelt wird.
2. Diesen Ablauf wiederholen, wenn mehr als eine Masche übergangen werden soll oder wenn die Kettmaschen zum Kanten umhäkeln eingesetzt werden.

Fortsetzung Seite 12

Tipp:

Die Mode hat den Gürtel wiederentdeckt! Passend zum Trend gibt es im Handarbeits-Fachhandel jetzt zahlreiche Gürtelschnallen und -schließen für Ihre Eigenkreationen! Die Materialien und Formen sind vielfältig: Metall, Horn, Holz, geschmückt mit Strass oder Glitzersteinen, ganz schlicht und edel oder aufwändig geprägt oder in Form gegossen. Lassen Sie sich von der Auswahl überraschen! Unsere Anleitung lässt sich auf nahezu jedes Modell übertragen. Wichtig ist nur, dass Sie die Gürtelbreite an die Breite des Stegs der Gürtelschließe anpassen.

Fortsetzung von Seite 11

Grundkurs

Abnahmen am Rand

1. Am rechten Arbeitsrand 1 Masche mit 1 Kettmasche (▸ 11) übergehen. Diese Kettmasche wird in der Rückreihe nicht behäkelt.
2. Dann bis zum linken Arbeitsrand häkeln, aber die letzte Masche unbehäkelt stehen lassen. Mit einer Wendeluftmasche wenden, wenn in der nächsten Reihe nicht gleich wieder abgenommen werden soll.
3. Soll in der folgenden Reihe sofort wieder abgenommen werden, die 1. Masche mit 1 Kettmasche übergehen und mustergemäß weiterhäkeln (in der Abbildung eine feste Masche)

Sind beidseitig je 2 Maschen abgenommen, die Arbeit beenden (▸ 8). Die Gürtelkanten rundum in Indigo behäkeln.

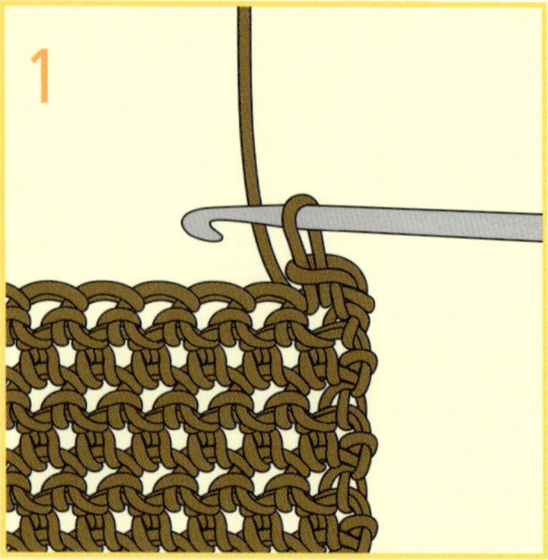

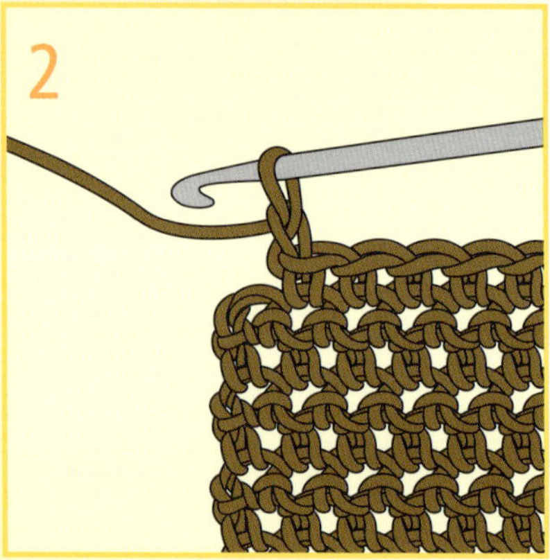

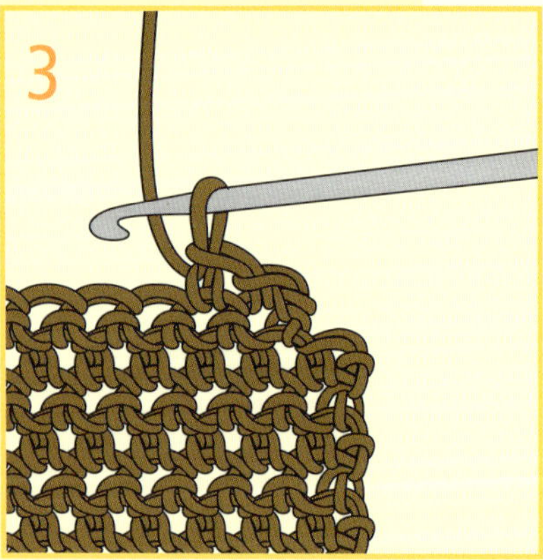

Grundkurs

Kantenabschluss mit Kettmaschen

1. Den Faden an einer Kante anschlingen (▸ 57). Unterhalb der Wendeluftmasche in die folgende Reihe einstechen, den Faden zur Schlinge holen und durchziehen.
2. Für einen geraden Kantenabschluss diesen Ablauf stets wiederholen.
3. Der kontrastfarbene Kantenabschluss beim Gürtel wird zusätzlich durch tiefergestochene feste Maschen betont. Dafür nach jeder Kettmasche eine feste Masche (▸ 8) arbeiten und diese etwa 1,5 cm tief einstechen.

An die Spitze jeder zweiten tiefergestochenen Masche je 1 Perle nähen.

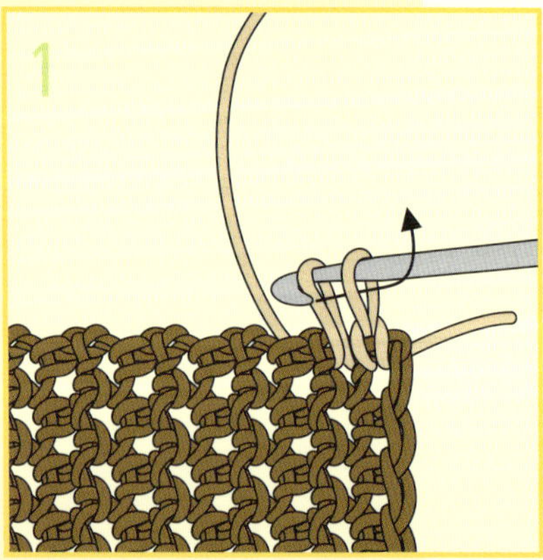

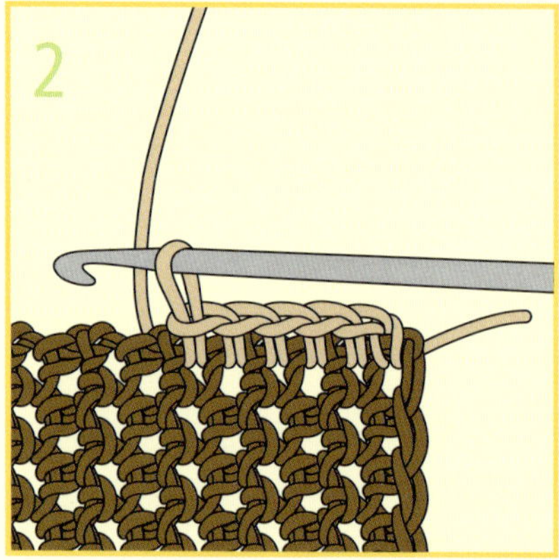

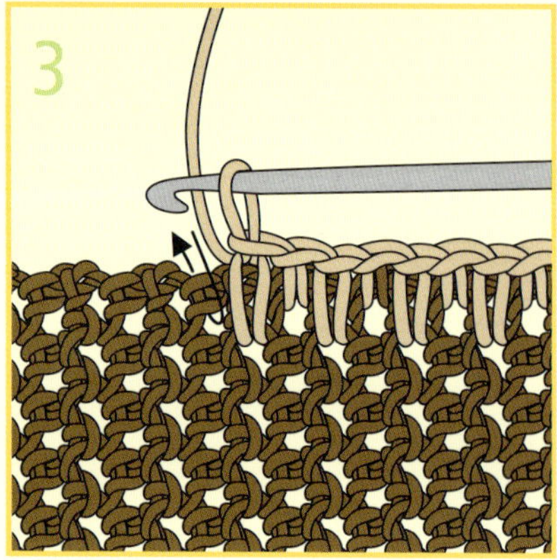

Gürtel mit Holzperlen

Passt toll zum aktuellen Ethno-Trend: Die Farbvariante in warmen, erdigen Tönen mit geprägter Schnalle und Holzperlchen-Schmuck.

Größe:
alle Größen

Material:
- „Lerici" von Schoeller + Stahl (55 % Baumwolle, 45 % Polyacryl, Lauflänge 85 m/50 g): je ca. 50 g Braun 07 und Kürbis 15
- Häkelnadel Nr. 5
- Gürtelschließe
- 137 Holzperlen, Natur-Braun-Orange, 6 mm Ø

So wird es gemacht:
Den Gürtel wie beim Gürtel mit Kristallperlen beschrieben arbeiten. Dabei Pool durch Braun und Indigo durch Kürbis ersetzen und nur 6 feste Maschen um den Steg häkeln, da er schmaler ist. Zum Abschluss an die Spitze jeder tiefer gestochenen Masche eine Holzperle nähen, dabei die Farben stets abwechseln und darauf achten, dass sich immer gleichfarbige Perlen gegenüberliegen.

Kuschelecke

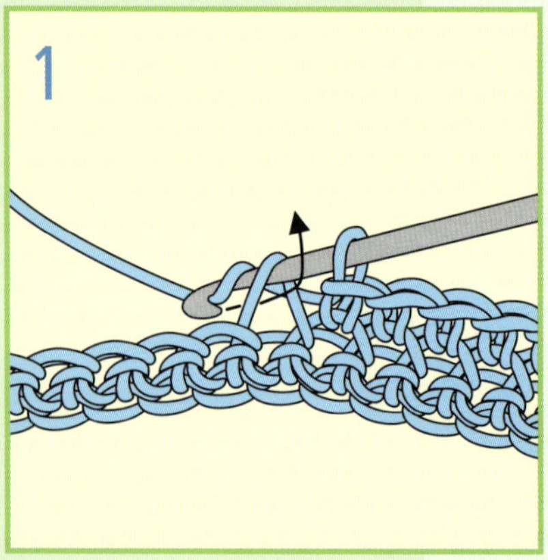

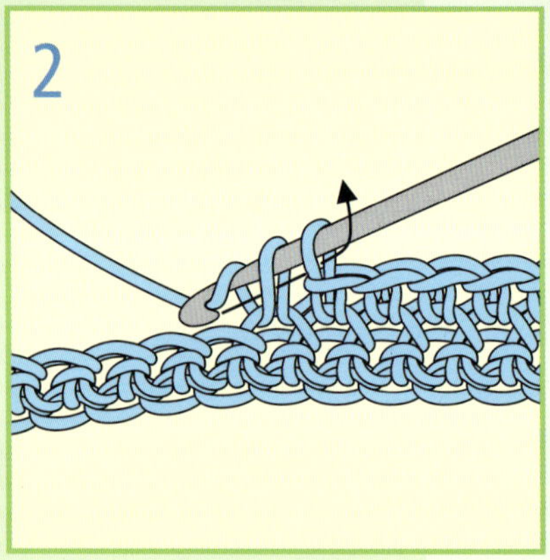

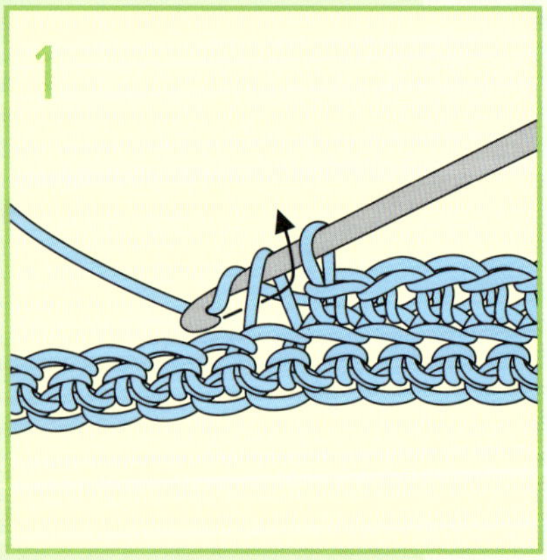

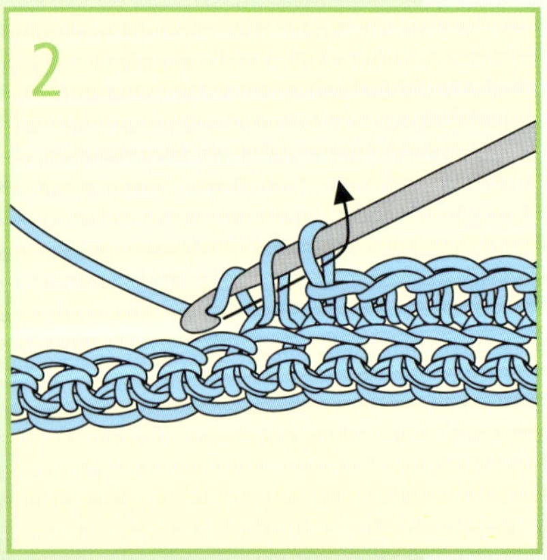

Softig schmuseweiche Kissen – davon kann man gar nicht genug haben! Diese überzeugen durch sanfte Farben und schöne Strukturen, die allesamt durch unterschiedlich eingestochene feste Maschen entstehen!

Kissen in Blau

Größe:
40 x 40 cm

Material:
- „Nordland" von Junghans-Wollversand (56 % Schurwolle, 44 % Polyacryl, Lauflänge 75 m/50 g): ca. 350 g Blau 231-845-44
- Häkelnadel Nr. 7

So wird es gemacht:
52 Maschen plus 1 Wendeluftmasche anschlagen (▸ 6) und feste Maschen (▸ 8) häkeln. Wenn nicht anders angegeben, werden feste Maschen immer so in die Masche der Vorreihe eingestochen, dass beide Maschenglieder der Vorreihe auf der Nadel liegen. So auch bei diesem Kissen. 92 cm häkeln, dann die Arbeit beenden (▸ 8).
Das Gehäkelte so zusammenlegen, dass eine Tasche von 40 x 40 cm entsteht. Oben stehen 12 cm für den Umschlag über. Diesen nach innen zwischen Vorder- und Rückteil legen. Entlang der äußeren Kante rechts und links die Naht mit Steppstichen (▸ 42) schließen. Beim Umschlag wird dabei durch drei Häkelschichten genäht. Die Kissenhülle wenden, so dass die Nähte innen liegen, den Umschlag über die Öffnung legen.

Kissen in Hellblau, Anthrazit & Petrol

Größe:
jeweils 30 x 30 cm

Material:
- „Nordland" von Junghans-Wollversand (56 % Schurwolle, 44 % Polyacryl, Lauflänge 75 m/50 g): je ca.

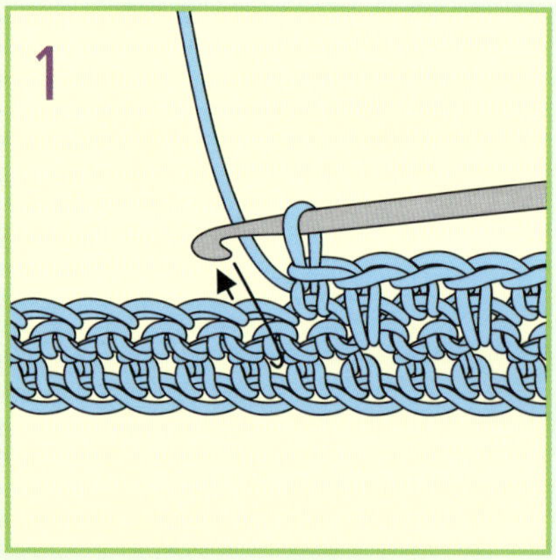

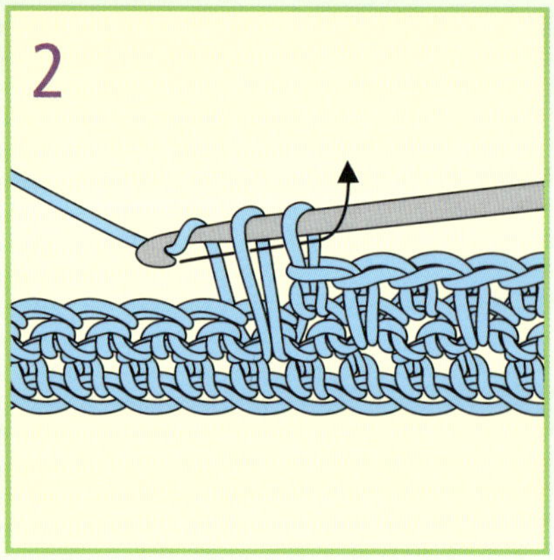

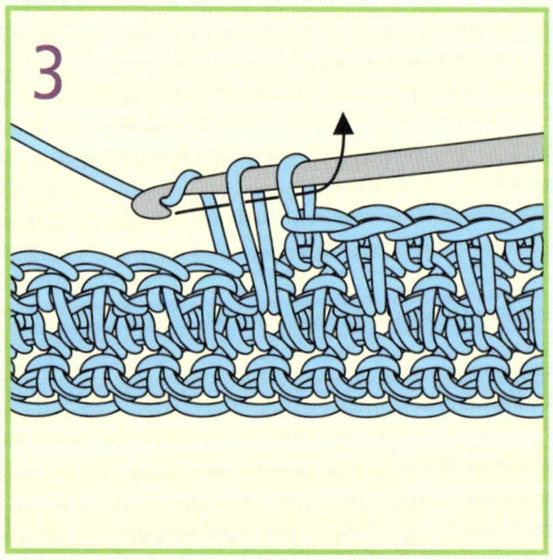

200 g Hellblau 231-837-44, Anthrazit 231-803-44 und Petrol 231-878-44
- Häkelnadel Nr. 7

So wird es gemacht:
36 Maschen plus 1 Wendeluftmasche anschlagen (▸ 6) und feste Maschen (▸ 8) häkeln, dabei jeweils unterschiedlich einstechen.

Kissen in Hellblau: Jeweils nur in das vordere Maschenglied der Vorreihe einstechen.

Grundkurs

Feste Maschen Vorderstich

1. Beim Einstechen in die Masche der Vorreihe darauf achten, dass stets nur das vordere Maschenglied erfasst wird.
Den Umschlag durchholen.
2. Nun wie bei allen festen Maschen den Faden erneut um die Nadel legen und durch beide Schlingen ziehen.

Kissen in Anthrazit: Jeweils nur in das hintere Maschenglied einstechen.

Grundkurs

Feste Maschen Rippenstich

1. Beim Einstechen in die Masche der Vorreihe darauf achten, dass stets nur das hintere Maschenglied erfasst wird.
Den Umschlag durchholen.
2. Nun wie bei allen festen Maschen den Faden erneut um die Nadel legen und durch beide Schlingen ziehen.

Kissen in Petrol: Jede 2. Masche tiefer einstechen.

Grundkurs

Feste Maschen tiefer einstechen

1. Beim Einstechen jeweils beide Maschenglieder der Vorreihe erfassen, jede zweite Masche jedoch eine Reihe tiefer einstechen und die Schlinge lang ziehen.
2. Den Umschlag durchholen. Nun wie bei allen festen Maschen den Faden erneut um die Nadel legen und durch beide Schlingen ziehen.
3. In der folgenden Reihe das Muster versetzen, so dass die tiefergestochenen Maschen nicht unmittelbar übereinander liegen.

72 cm häkeln, dann die Arbeit beenden (▸ 8). Das Gehäkelte zu einer Tasche von 30 x 30 cm zusammenlegen und wie beim blauen Kissen beschrieben zusammennähen.

Sommerhit

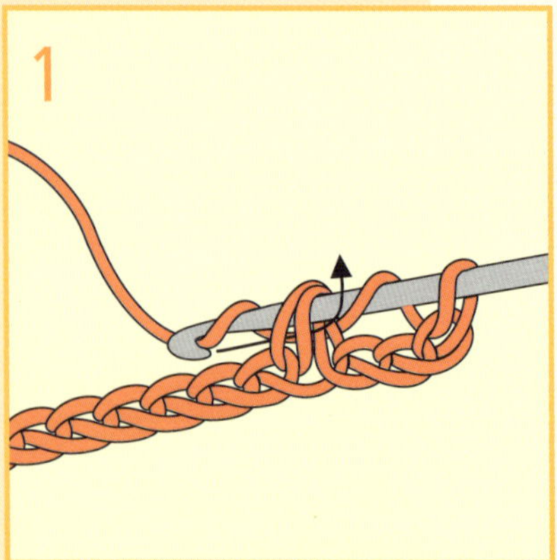

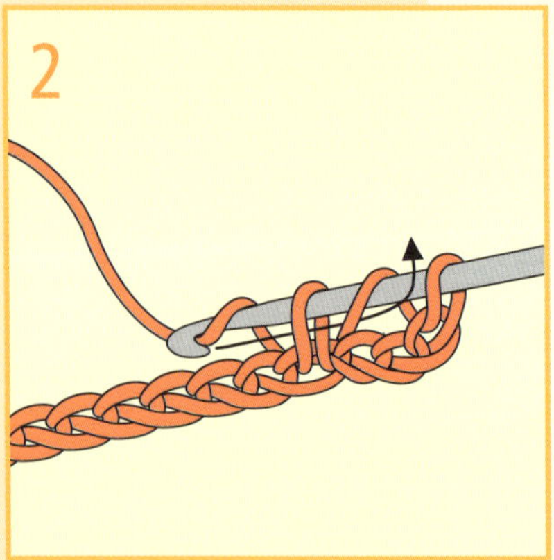

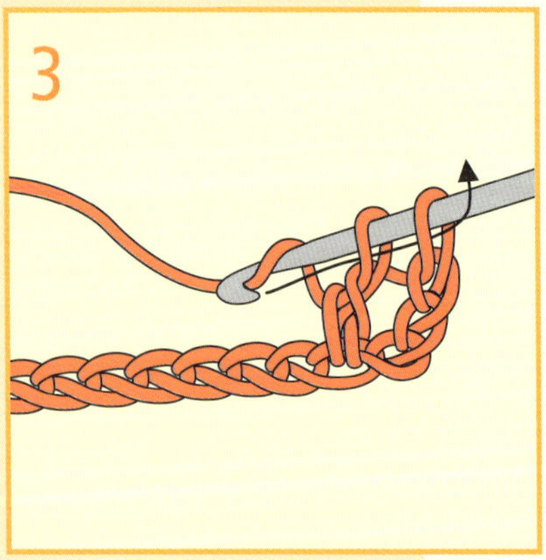

Mini-Poncho mit Maxi-Effekt! Das luftige Teil ist mit Stäbchen schnell gehäkelt und aus zwei geraden Teilen zusammengesetzt.

Poncho mit Luftmaschenfransen

Größe:
alle Größen

Material:
- „Tifoso" von Schachenmayr (39 % Polypropylen, 27 % Baumwolle, 27 % Polyacryl, 7 % Polyester, Lauflänge 105 m/50 g): ca. 300 g Chili Mouliné 30
- Häkelnadel Nr. 3,5

Maschenprobe (▸ 58)**:** 14 Maschen und 8 Reihen = 10 x 10 cm

So wird es gemacht:

Der Poncho besteht aus zwei Bahnen von je 35 x 60 cm, wie im Schnitt dargestellt. Für die erste Bahn 50 Luftmaschen plus 3 Wendeluftmasche anschlagen (▸ 6). Mit einer Reihe Stäbchen beginnen.

Grundkurs

Stäbchen

1. Einen Umschlag um die Nadel legen und in die 4. Masche von der Nadel aus einstechen. Den Faden nochmals um die Nadel legen.
2. Diesen Umschlag durch die Masche der Vorreihe ziehen. Es liegen nun 3 Schlingen auf der Nadel. Den Faden wieder um die Nadel legen.
3. Diesen Umschlag durch zwei der drei auf der Nadel liegenden Schlingen ziehen. Es liegen nun zwei Schlingen auf der Nadel. Den Faden wieder um die Nadel legen.
4. Diesen Umschlag durch beide Schlingen ziehen. Das Stäbchen ist fertig. Die 3 Wendeluftmaschen vor diesem Stäbchen bilden das 1. Stäbchen. Nun für das folgende Stäbchen

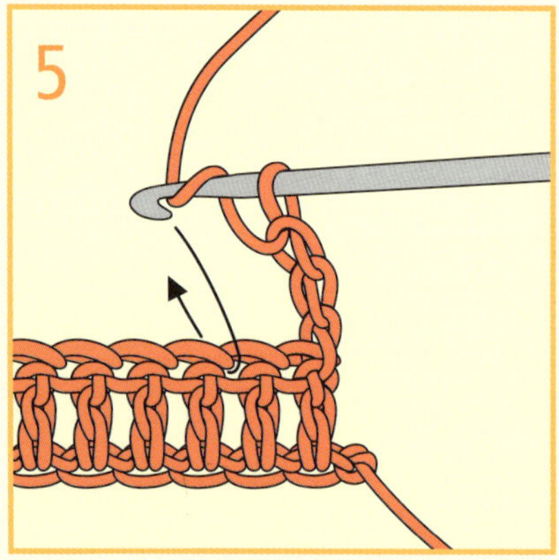

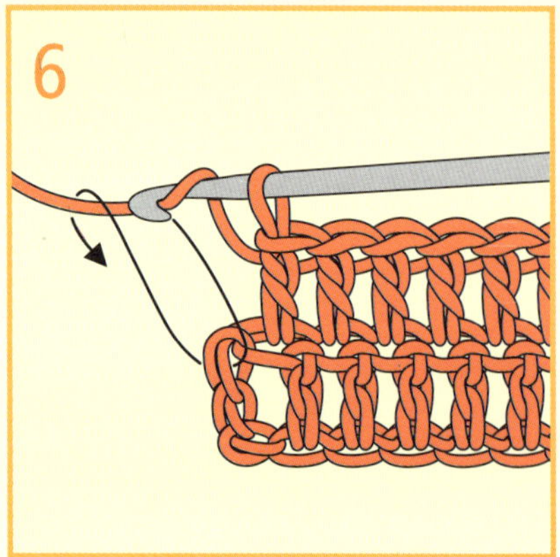

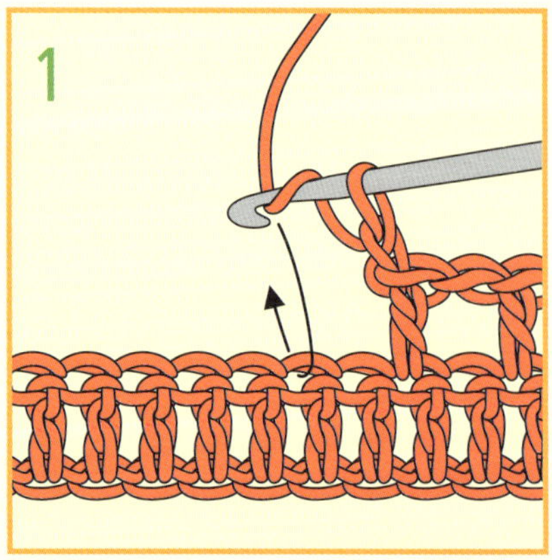

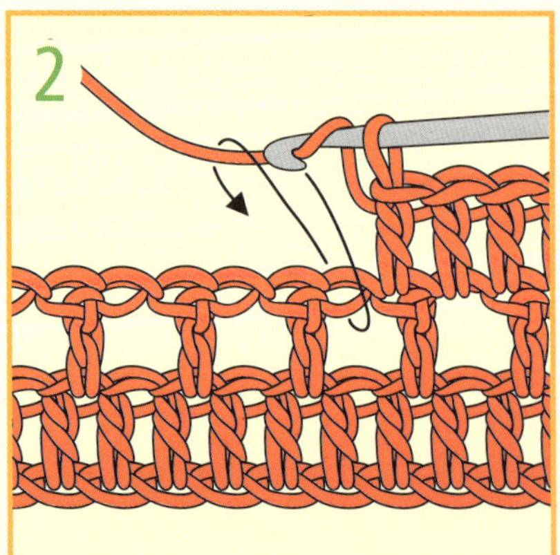

1 Umschlag auf die Nadel legen, in die nächste Masche einstechen und die Schritte 1 bis 4 wiederholen.
5. Am Ende der Reihe angekommen, drei Wendeluftmaschen arbeiten und die Arbeit wenden. Diese 3 Wendeluftmaschen ersetzen stets das erste Stäbchen einer Reihe.
6. Das letzte Stäbchen jeder Reihe in die oberste Wendeluftmasche der Vorreihe häkeln.

Im Wechsel 1 Reihe Stäbchen und 1 Reihe Filetmuster häkeln, dabei beginnt die Reihe bei diesem Modell mit 3 Stäbchen. Dann im Filetmuster weiterhäkeln.

Grundkurs

Filetmuster
1. 1 Stäbchen der Vorreihe mit einer Luftmasche übergehen, 1 Stäbchen arbeiten. Diese Abfolge stets wiederholen und die Reihe mit 3 Stäbchen beenden. (Im Allgemeinen wird beim Filetmuster jede Reihe so gehäkelt, jedoch wird am Anfang und Ende meist nur 1 Stäbchen gearbeitet.) Nun ist wieder eine Reihe Stäbchen dran.
2. Die Stäbchen über den Luftmaschen der Filetmusterreihe nicht in die Luftmasche, sondern unterhalb einstechen. Dies macht optisch fast keinen Unterschied, ist aber sehr viel einfacher zu arbeiten.

Schnitt

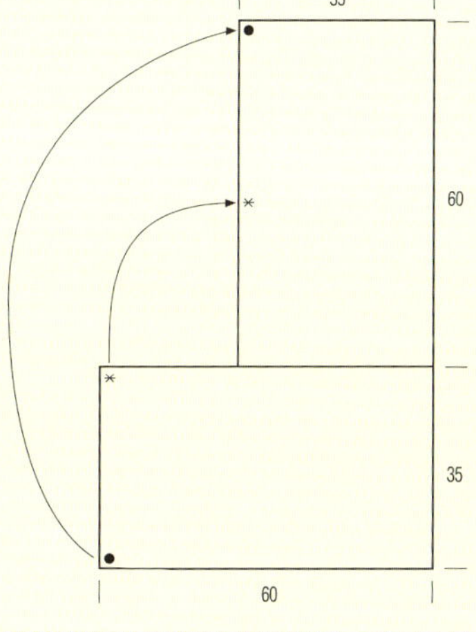

Nach 60 cm (= 49 Reihen) nach einer Stäbchenreihe die Arbeit beenden (▸ 8). Die zweite Bahn genauso häkeln.

Beide Teile laut Schnitt zusammenhäkeln (▸ 59). Entlang der Kanten Luftmaschenfransen aus je 31 Luftmaschen arbeiten (▸ 61).

Projekt 5

Die Tunika-Oase

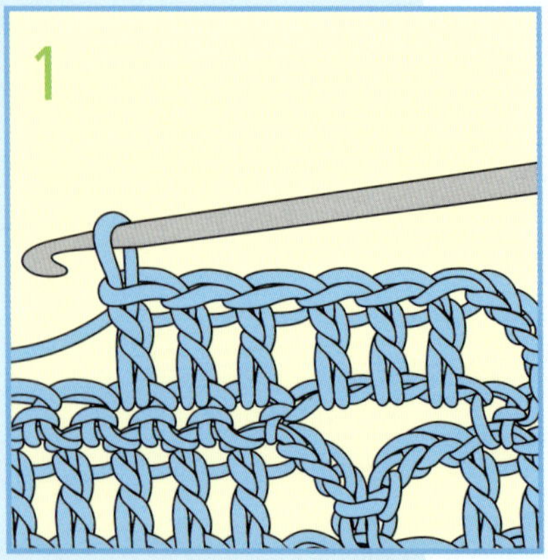

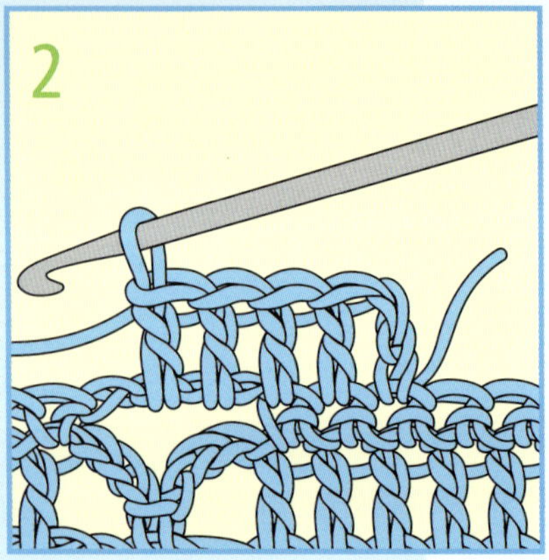

Häkelschrift

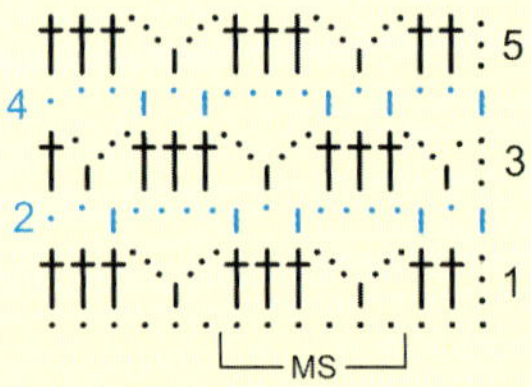

Zeichenerklärung:

· = Luftmasche (▸ 6)

ı = feste Masche (▸ 8)

† = Stäbchen (▸ 16)

Locker, lässig, long – das luftige Netzmuster, der modische Schnitt und die sommerfrische Farbe machen dieses legere Shirt zum Ferienhit! Beim Muster werden feste Maschen, Luftmaschen und Stäbchen kombiniert, die Häkelschrift zeigt, wie's geht!

Netztunika in Türkis

Größe:
38/40 (42/44)
Die Angaben für die zweite Größe stehen jeweils in Klammern. Ist nur eine Angabe gemacht, gilt diese für beide Größen.

Material:
- „Seidenglanz" von Fischer-Wollversand (60 % Baumwolle, 40 % Viskose, Lauflänge 95 m/50 g): 500 g Türkis 60209
- Häkelnadel Nr. 3,5

Maschenprobe (▸ 58)**:** 21 Maschen und 12 Reihen = 10 x 10 cm

So wird es gemacht:

Vorderteil: 99 (111) Luftmaschen und 1 Wendeluftmasche anschlagen (▸ 6), dann zunächst für die untere Kante 1 Reihe feste Maschen (▸ 8), 1 Reihe Stäbchen (▸ 16) und 1 Reihe feste Maschen häkeln. Nun im Netzmuster laut Häkelschrift weiterarbeiten.

Grundkurs

Häkelschriften lesen
In der Zeichenerklärung ist jedes Zeichen einer Maschenart zugeordnet. Jedes Zeichen steht also für eine Masche, jede Zeichenreihe für eine Maschenreihe. In den Hinreihen (ungerade Reihenzahl) lesen Sie die Häkelschrift von rechts nach links, in den Rückreihen (gerade Reihenzahlen) von links nach rechts. Die Abfolge der Zeichen in der Häkelschrift entspricht also der Abfolge beim Häkeln. Die Reihenzahlen stehen am Rand von unten nach oben, so wie gehäkelt wird, dabei wird der Luftmaschenanschlag gezeigt, aber nicht als Reihe gezählt. Der Mustersatz (MS) zeigt die Art und Anzahl der Maschen, die das Muster ein Mal bilden. Er ist mit einer eckigen Klammer markiert. Beim Häkeln beginnen Sie jede Reihe mit der gezeichneten Anzahl von Luftmaschen als Ersatz für die erste Masche. Dann die Maschen vor dem Mustersatz häkeln, den Mustersatz stets wiederholen (bis fast die gesamte Breite erreicht ist), dann mit den Maschen nach dem Mustersatz enden.

Bei dieser Tunika mit den Maschen vor dem Mustersatz beginnen, dann den Mustersatz 15 (17) x wiederholen und mit den Maschen nach dem Mustersatz enden. Die 1. bis 5. Reihe einmal häkeln, dann die 2. bis 5. Reihe stets wiederholen.

Nach 54 cm = 65 Reihen (57,5 cm = 69 Reihen) als Kantenabschluss für die Ausschnittblende die Maschen wie folgt einteilen: Die Maschen vor dem 1. Mustersatz + 5 (6) Mustersätze im Netzmuster, über die folgenden 5 1/2 Mustersätze 33 feste Maschen (= pro Mustersatz 6 Maschen) und über die restlichen 5 1/2 (6 1/2) Mustersätze im Netzmuster häkeln. Die beiden folgenden Reihen in gleicher Einteilung häkeln, jedoch über die mittleren 30 Maschen in der 2. Reihe Stäbchen arbeiten. In der 3. Reihe über die mittleren 30 Maschen wieder feste Maschen arbeiten. Danach die mittleren 30 Maschen für den Halsausschnitt unbearbeitet lassen und die Seiten getrennt beenden.

Grundkurs

Seiten getrennt beenden
1. Für den Halsausschnitt wird die Arbeit über den mittleren 27 Maschen beendet und beidseitig davon bis zur Schulter getrennt weitergearbeitet. Rechts des Ausschnitts weiterhin 5 1/2 Mustersätze im Netzmuster, dann für die Kante in ungeraden Reihen 3 Stäbchen, in geraden Reihen 3 feste

Maschen häkeln. Nach 13 cm = 16 Reihen ab Halsausschnitt die Arbeit beenden (▸ 8).

2. Für die linke Seite die mittleren 27 Maschen für den Halsausschnitt frei lassen, dann den Faden an der nächsten Masche anschlingen (▸ 56). Nun als Ersatz für das 1. Stäbchen 3 Luftmaschen häkeln, dann noch 2 Stäbchen = insgesamt 3 Stäbchen für die Kante häkeln und die restlichen Maschen weiterhin im Netzmuster arbeiten. Diese Seite in gleicher Höhe wie die andere beenden.

Rückenteil: Das Rückenteil genauso arbeiten, jedoch ohne Halsausschnitt. Dafür nach 67,5 cm = 81 Reihen Netzmuster noch 1 Reihe feste Maschen, 1 Reihe Stäbchen und 1 Reihe feste Maschen häkeln, dann die Arbeit beenden.

Fertigstellung: Schulternähte schließen (▸ 59). Zwei Kordeln von je ca. 150 cm drehen (▸ 60). Kordeln auf Mitte legen, Nach ca. 25 (26) cm ab Schulternaht an Vorderteil und Rücken einfädeln und über ca. 25 (26) cm kreuzweise durchziehen. Die unteren 22 (23,5) cm als Seitenschlitze offen lassen.

Schnitt

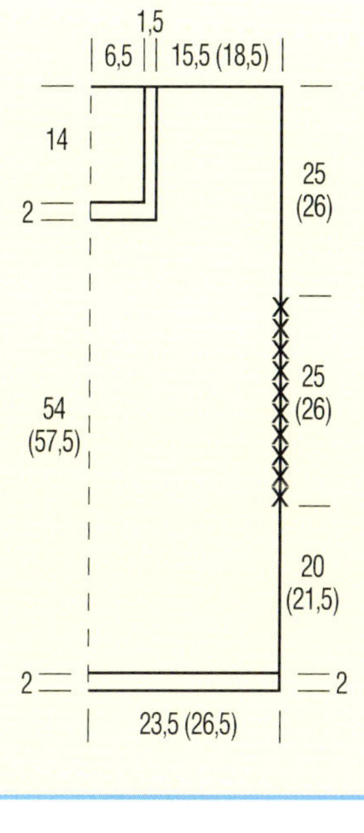

Projekt 6

Ganz schön sexy! Elastisches Baumwollgarn sorgt für guten Sitz und fühlt sich angenehm an. Der Bikini ist allerdings nur für das Sonnenbad geeignet, im Wasser wird er zu schwer.

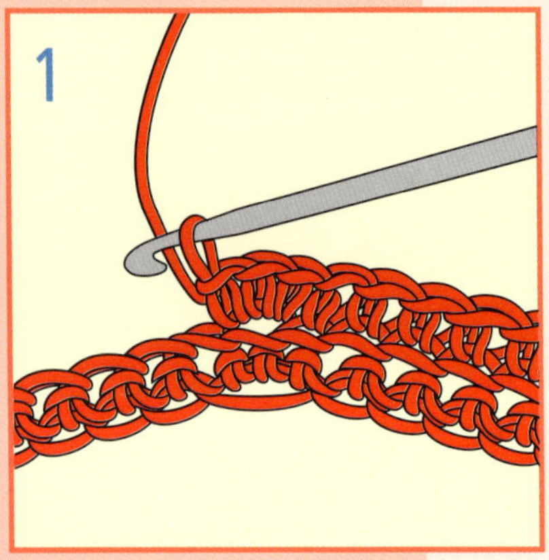

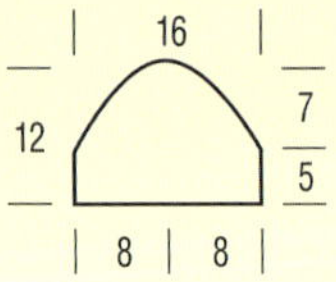

Körbchen

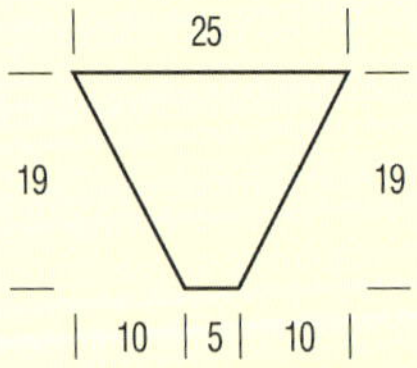

vorderes Höschenteil

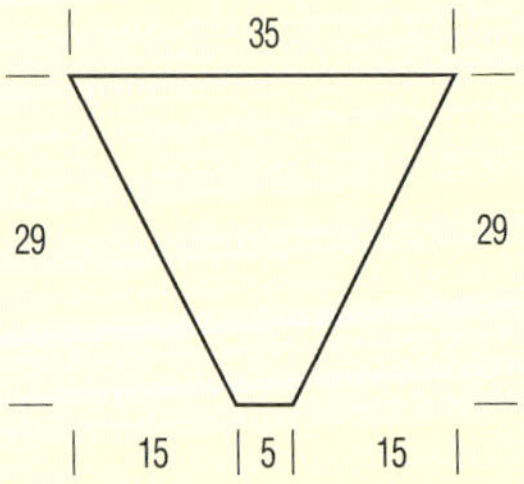

hinteres Höschenteil

Strandschönheit

Roter Häkelbikini

Größe:
36/38

Material:
- „Elastico" von Lana Grossa (96 % Baumwolle, 4 % Polyester, Lauflänge 160 m/50 g): 100 g in Rot 23
- Häkelnadeln Nr. 4 und 5,5

Maschenprobe (▸ 58) mit festen Maschen: 19 Maschen und 19 Reihen = 10 x 10 cm

So wird es gemacht:
Oberteil: Für das 1. Körbchen 23 Luftmaschen + 1 Wendeluftmasche mit Nadel Nr. 4 anschlagen (▸ 6) und feste Maschen häkeln (▸ 8), dabei ab der 2. Reihe jeweils nur in das hintere Maschenglied einstechen (Rippenstich ▸ 15). In die mittlere Masche in jeder Reihe 3 feste Maschen in eine Einstichstelle häkeln.

Grundkurs

Zunahme: 3 Maschen in 1 Einstichstelle
1. Nacheinander drei feste Maschen häkeln, dabei stets dieselbe Einstichstelle in die Masche der Vorreihe wählen.
Beim Bikini wird im Rippenstich gehäkelt und daher auch bei den Zunahmen wie im Bild dargestellt immer nur in das hintere Maschenglied eingestochen. Im Allgemeinen werden beide Maschenglieder erfasst – also auch bei den Zunahmen.

Wie folgt häkeln:
1. Reihe: 11 feste Maschen, in die 12. Luftmasche (= Mittelmasche) 3 feste Maschen arbeiten, 11 feste Maschen.
2. Reihe: 1 Wendeluftmasche, 12 feste Maschen, nun in die 13. Masche (= Mittelmasche) 3 feste Maschen arbeiten, 12 feste Maschen.
3. und alle folgenden Reihen genauso arbeiten, dabei jeweils in die Mittelmasche 3 feste Maschen arbeiten. So insgesamt 15 Reihen arbeiten (= 25 Maschen pro Seite plus 3 Mittelmaschen) = 53 Maschen. Die Arbeit beenden (▸ 8), jedoch den Faden nicht abschneiden, er wird noch für die Borte gebraucht.
Das 2. Körbchen ebenso häkeln.

Fertigstellung: Die Anschlagskante zur Hälfte legen und die Naht von rechts mit Kettmaschen schließen (▸ 59), dabei die 3 Mittelmaschen auslassen. Am unteren Rand der Körbchen jeweils eine Borte für das Bindeband arbeiten. Dafür den Faden wieder aufnehmen und wie folgt häkeln: 4 Luftmaschen, 1 Stäbchen in die 2. Masche (▸ 16), * eine Masche der Kante mit 1 Luftmasche übergehen, 1 Stäbchen, ab * stets wiederholen. Rechtes Körbchen genauso behäkeln.
Für das Bindeband mit dreifachem Faden und Häkelnadel Nr. 5,5 eine 130 cm lange Luftmaschenkette (▸ 6) arbeiten und durch die Körbchenborten ziehen. Für die Nackenträger auf gleiche Weise zwei ca. 40 cm lange Luftmaschenketten häkeln und jeweils an der oberen Ecke der Körbchen annähen.

Höschen: Für das **hintere Höschenteil** 66 Luftmaschen + 1 Wendeluftmasche mit Nadel Nr. 4 anschlagen (▸ 6) und feste Maschen (▸ 8) häkeln. Für die Seitenschrägungen in jeder 2. Reihe beidseitig 28 x je 1 Masche abnehmen (▸ 12), es bleiben 10 Maschen übrig. Die Arbeit beenden (▸ 8).
Für das **vordere Höschenteil** 46 Luftmaschen + 1 Wendeluftmasche anschlagen (▸ 6) und feste Maschen (▸ 8) häkeln. Für die Seitenschrägungen in jeder 2. Reihe beidseitig 18 x je 1 Masche abnehmen (▸ 12), es bleiben 10 Maschen übrig. Die Arbeit beenden (▸ 8).
Fertigstellung: Die Naht des Bikinihöschens mit Matratzenstichen schließen (▸ 59). Die Beinausschnitte mit 1 Reihe Kettmaschen (▸ 12) behäkeln. 4 Luftmaschenbänder, je 25 cm lang, wie beim Oberteil beschrieben, häkeln und an den Ecken annähen.

Dreiecksgeschichte

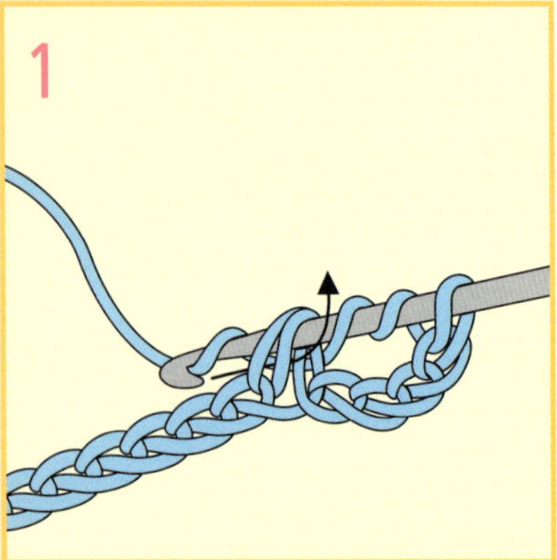

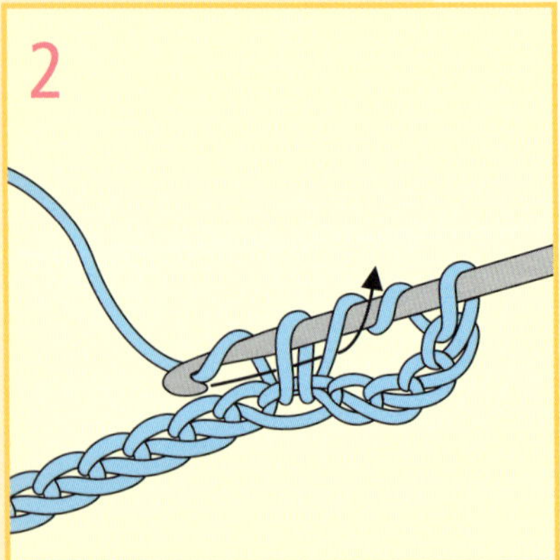

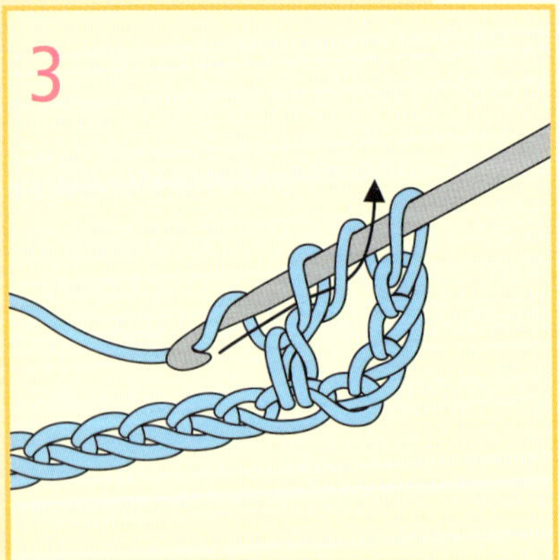

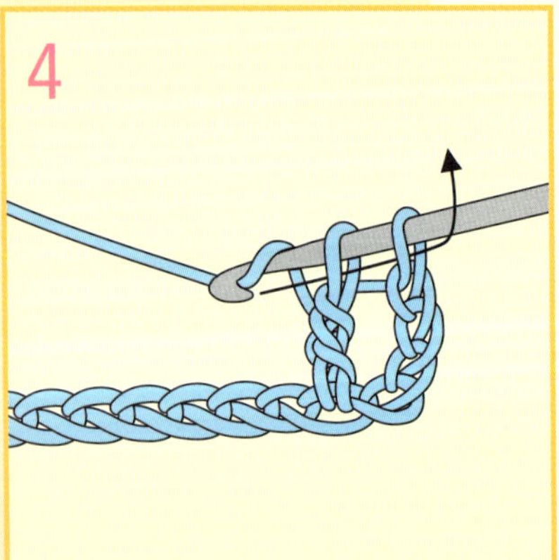

Sie häkeln ganz einfach in Reihen, die Zunahmen in der Mitte lassen die Dreiecksform von allein entstehen. Die Doppelstäbchen sind stattliche 2 cm hoch – da wird das sommerliche Lieblingsteil schnell fertig!

Dreieckstuch mit Fransen

Größe:
ca. 142 x 65 cm (ohne Fransen)

Material:
- „Lerici Fein Color" von Schoeller + Stahl (55 % Baumwolle, 45 % Polyacryl, Lauflänge 140 m/50 g): ca. 250 g Meer 936
- Häkelnadel Nr. 4

Maschenprobe (▸ 58): 20 Maschen und 6 Reihen = 10 x 10 cm

So wird es gemacht:
Das Muster besteht aus Luftmaschen (▸ 6) und Doppelstäbchen.

Grundkurs

Doppelstäbchen

1. Zwei Umschläge um die Nadel bilden und am Anfang in die 5. Masche von der Nadel aus (später in die folgende) einstechen. Den Faden um die Nadel legen. Diesen Umschlag durchziehen.
2. Es liegen nun vier Schlingen auf der Nadel. Den Faden wieder um die Nadel legen. Diesen Umschlag durch zwei der vier Schlingen ziehen.
3. Es liegen nun drei Schlingen auf der Nadel. Den Faden wieder um die Nadel legen. Diesen Umschlag durch zwei der drei Schlingen auf der Nadel ziehen.
4. Den Faden noch einmal um die Nadel legen. Diesen Umschlag durch die letzten beiden Schlingen auf der Nadel ziehen.
5. Das Doppelstäbchen ist fertig. Die Schritte 1 bis 4 stets wiederholen. Jede Reihe beginnt mit der genannten

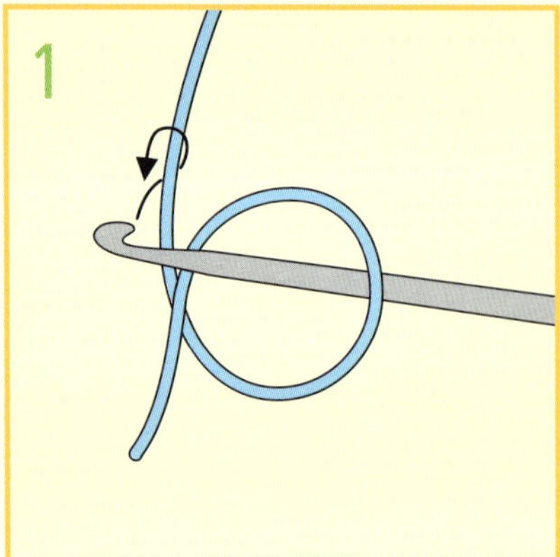

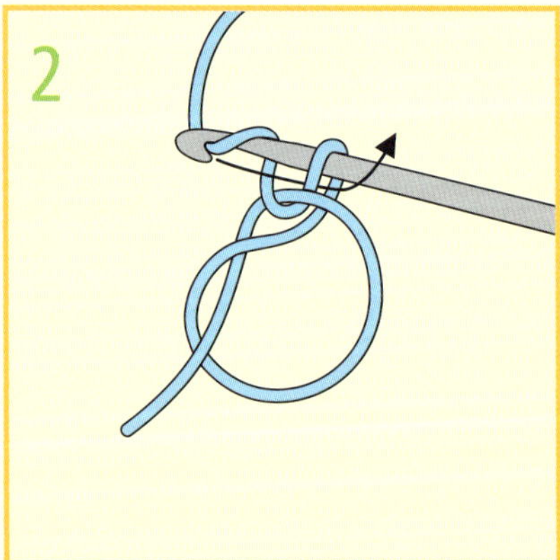

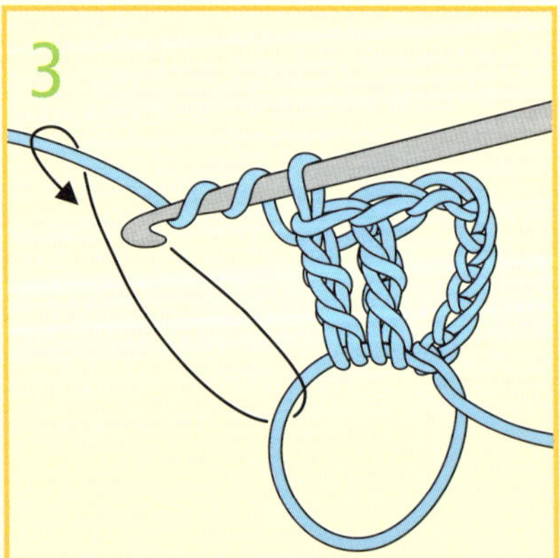

oder gezeichneten Anzahl von Wendeluftmaschen als Ersatz für das 1. Doppelstäbchen. Das letzte Doppelstäbchen einer Reihe wird stets auf die oberste Wendeluftmasche der Vorreihe gehäkelt.

Das Dreieckstuch beginnt mit einer Fadenschlinge.

Grundkurs

Arbeitsbeginn mit einer Fadenschlinge

1. Den Faden zur Schlinge legen, die Nadel einstechen, den Faden um die Nadel legen und diesen Umschlag durchziehen, jedoch nicht zur Masche festziehen, sondern ganz locker geschlungen lassen.
2. Den Arbeitsfaden wie üblich über den linken Zeigefinger wickeln (▸ 6) und den Kreuzungspunkt der Fadenschlinge mit Mittelfinger und Daumen festhalten, einen Umschlag bilden und durch die Schlinge auf der Nadel ziehen.
3. Laut Angaben in der jeweiligen Anleitung die 1. Runde arbeiten. Erst nach der 1. Runde durch Ziehen am Anfangsfaden die Fadenschlinge zuziehen.

Das Dreieckstuch entsprechend der Häkelschrift arbeiten (▸ 18). Jede Reihe beginnt mit 5 Luftmaschen als Ersatz für das 1. Doppelstäbchen. Die 1. bis 4. Reihe einmal arbeiten, danach die folgenden Reihen mustergemäß fortsetzen, Reihenanfang und Reihenende stets wie in Reihe 1. bis 4. arbeiten, die Zunahmen in der Reihenmitte sowie am Anfang und Ende wie gezeichnet fortführen, dadurch erhöht sich die Anzahl der Maschen in jeder Reihe um 10 Maschen.
Nach ca. 70 cm Kantenlänge (oder gerade gemessen: 53 cm = 32 Reihen) die Arbeit beenden (▸ 8).
Fertigstellung: In die beiden kürzeren Kanten Fransen einknüpfen (▸ 60). Für jedes Fransenbündel 4 Fäden von 30 cm Länge zuschneiden. Die Fransen jeweils zwischen den Doppelstäbchen-Gruppen einknüpfen.

Häkelschrift

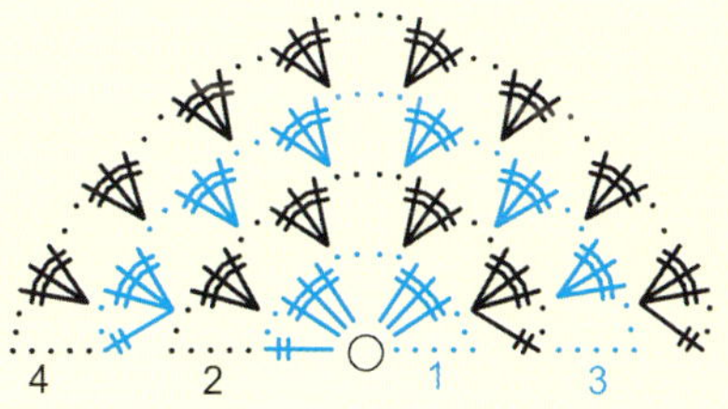

Zeichenerklärung
· = Luftmasche (▸ 6)
† = Doppelstäbchen (▸ 22)

Laufen die Zeichen unten zusammen, werden sie in eine Einstichstelle gearbeitet (▸ 20)

Projekt 8

Tipptopp-Top

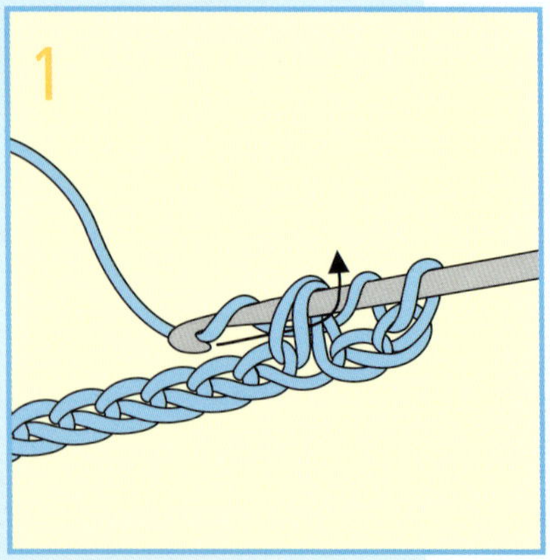

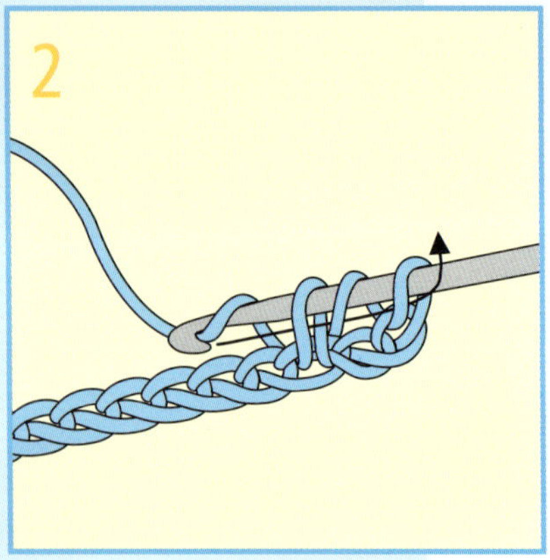

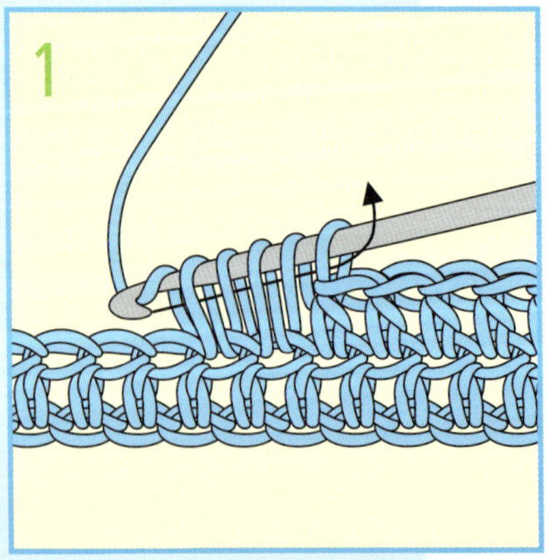

Das lässt Luft an die Haut! Kühle Baumwolle, strahlendes Weiß, ein luftiges Wellenmuster und der knappe Schnitt – mit diesem Top haben Sie hitzefrei!

Sommertop

Größe:
36/38 (44/46)
Die Angaben für die zweite Größe stehen jeweils in Klammern. Ist nur eine Angabe gemacht, gilt diese für beide Größen.

Material:
- „Piazza" von Fischer-Wollversand (100 % Baumwolle, Lauflänge 125 m/ 50 g): ca. 200 g Weiß 7309
- Häkelnadel Nr. 3 und 4

Maschenprobe (▸ 58) im Wellenmuster mit Nadel Nr. 4: 19,5 Maschen und 12,5 Reihen = 10 x 10 cm; in halben Stäbchen mit Nadel Nr. 3: 15,5 Maschen und 15 Reihen = 10 x 10 cm

So wird es gemacht:

Das Muster besteht aus Luftmaschen (▸ 6), festen Maschen (▸ 8), Stäbchen (▸ 16), Doppelstäbchen (▸ 22) und halben Stäbchen.

Grundkurs

Halbe Stäbchen
1. Einen Umschlag um die Nadel legen und in die vorgesehene Masche einstechen. Den Faden um die Nadel legen und diesen Umschlag durchziehen.
2. Es liegen nun 3 Schlingen auf der Nadel. Den Faden wieder um die Nadel legen und den Umschlag durch alle 3 Schlingen auf der Nadel ziehen.
3. Das halbe Stäbchen ist fertig. Die Schritte 1 und 2 stets wiederholen.

Jede Reihe beginnt mit der genannten oder gezeichneten Anzahl von Wendeluftmaschen als Ersatz für das 1. halbe Stäbchen. Das letzte halbe Stäbchen der Reihe wird immer auf die oberste Wendeluftmasche der Vorreihe gehäkelt.

Vorderteil: 82 (98) Maschen und 2 Wendeluftmaschen mit Nadel Nr. 4 anschlagen (▸ 6) und im Wellenmuster laut Häkelschrift arbeiten (▸ 18). Die 1. Masche jeder Reihe stets durch die gezeichnete Anzahl Luftmaschen ersetzen. Mit den Maschen vor dem Mustersatz beginnen, den Mustersatz 4 (5) x arbeiten, dann die Maschen nach dem Mustersatz arbeiten. Die 1.–8. Reihe 3 x häkeln.
Nun mit Häkelnadel Nr. 3 nur halbe Stäbchen arbeiten. Dabei in der 1. Reihe verteilt 17 (20) Maschen abnehmen, d. h. das 1. und 2. halbe Stäbchen zusammen abmaschen und dann jedes 4. und 5. Stäbchen zusammen abmaschen. Es bleiben 65 (78) Maschen übrig.

Grundkurs

Abnehmen: Halbe Stäbchen zusammen abmaschen
Um die Maschenzahl zu verringern, ohne dass Lücken entstehen, werden zwei nebeneinander liegende Maschen gemeinsam abgemascht. Hier sind es halbe Stäbchen.
1. Einen Umschlag bilden, in die Masche der Vorreihe einstechen und den Faden durchholen. Dann jedoch nicht abmaschen, sondern wieder einen Umschlag bilden und gleich in die Folgemasche einstechen. Sollen feste Maschen abgenommen werden, fällt das Aufnehmen der Umschläge weg; es wird lediglich aus beiden Maschen jeweils eine Schlinge geholt. Den Faden um die Nadel legen und diesen Umschlag durch alle auf der Nadel liegenden Schlingen ziehen.

Nach der Abnahmereihe noch 14 (17) Reihen halbe Stäbchen häkeln, dann die Arbeit beenden (▸ 8).

Rückenteil: Genauso arbeiten.
Träger: Für die beiden geraden Träger je 64 Luftmaschen (▸ 6) mit Häkelnadel Nr. 3 anschlagen und 2 Reihen halbe Stäbchen häkeln, dabei das 1. halbe Stäbchen stets durch 2 Wendeluftmaschen ersetzen. Dann die Arbeit beenden (▸ 8).

Für die gekreuzten Träger 2 x je 78 (84) Luftmaschen mit Häkelnadel Nr. 3 anschlagen und wie die anderen Träger häkeln. Die Arbeit beenden. Anschließend die Längskanten aller Träger mit 1 Reihe Krebsmaschen (▸ 60) behäkeln.

Fertigstellung: Seitennähte schließen (▸ 59). Träger abbildungsgemäß annähen, dabei die verkreuzten Träger jeweils mit ca. 12 (14) cm Abstand von der vorderen Mitte annähen, dann überkreuzen und am Rückenteil nach Anprobe platzieren. Die geraden Träger direkt daneben annähen.

Häkelschrift

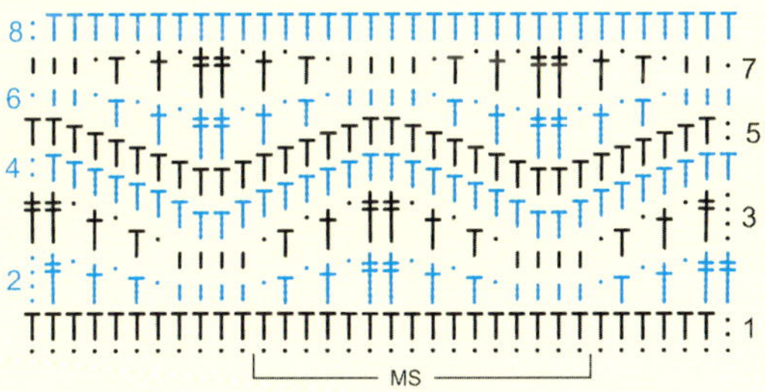

Zeichenerklärung

- · = Luftmasche (▸ 6)
- I = feste Masche (▸ 8)
- T = halbes Stäbchen (▸ 24)
- † = Stäbchen (▸ 16)
- ‡ = Doppelstäbchen (▸ 22)

Schnitt

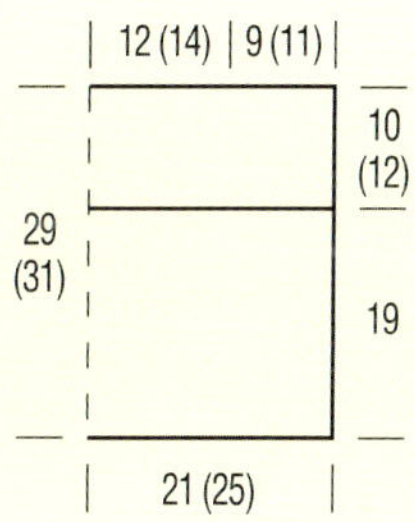

Projekt 9

Wohl behütet durch den Sommer! Das Hütchen aus elastischer Baumwolle ist schön leicht und schützt mit einer kleinen Krempe auch das Gesicht vor Sonnenbrand.

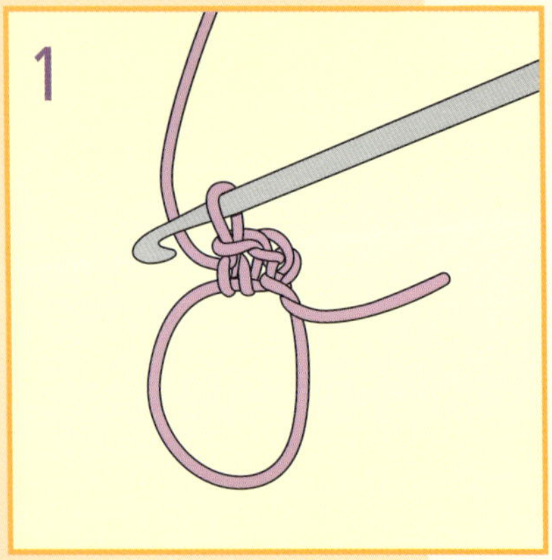

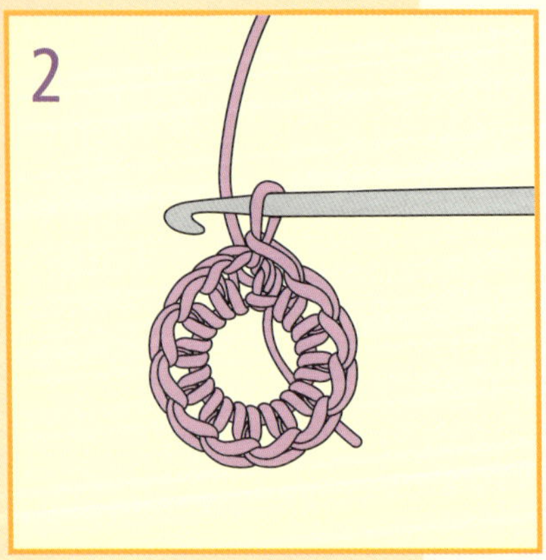

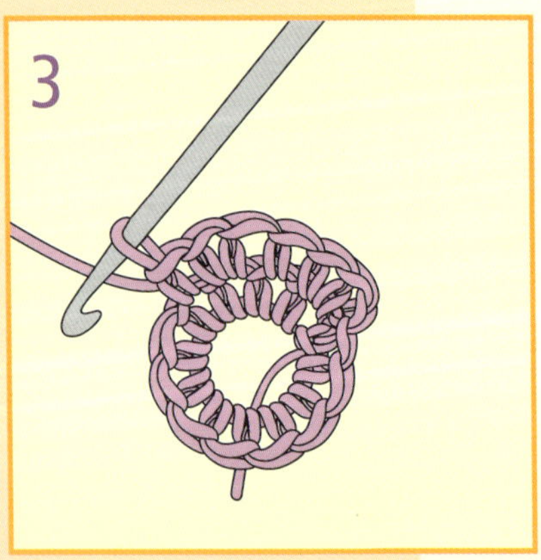

Lila-Laune-Hut

Häkelhut in Flieder

Kopfumfang:
56–58 cm

Material:
- „Cotofilo" von Lana Grossa (88 % Baumwolle, 12 % Elitée, Lauflänge 85 m/50 g): ca. 100 g in Flieder 6
- Häkelnadel Nr. 4,5

Maschenprobe (▸ 58): 16 Maschen und 17 Reihen = 10 x 10 cm

So wird es gemacht:
Der Hut wird in einem Stück in Runden von der Kopfmitte bis zur Krempe gehäkelt. Die Arbeit beginnt mit einer Fadenschlinge (▸ 23), in welche 1 Luftmasche (▸ 6) (als Ersatz für die erste feste Masche) und 11 feste Maschen (▸ 8) gearbeitet werden. Es wird in Runden gehäkelt.

Grundkurs

Häkeln in konzentrischen Runden
1. Als Ersatz für die erste feste Masche 1 Luftmasche arbeiten. Dann 11 feste Maschen in die Fadenschlinge häkeln und danach die Schlinge fest anziehen.
2. Die Runde beginnt mit einer Luftmasche (oder mehr, wenn sie als Ersatz für Stäbchen oder Doppelstäbchen dienen) und endet mit einer Kettmasche (▸ 11) in die erste Luftmasche (oder die oberste Luftmasche, wenn es mehrere sind) der Vorreihe.
3. Mit jeder weiteren Runde wird der Kreis größer. Werden dabei keine Zunahmen gearbeitet, entsteht ein Schlauch. Art und Anzahl der Zunahmen stehen jeweils in der Anleitung. Je mehr Zunahmen gearbeitet werden, desto flacher liegt der Kreis, je weniger Zunahmen desto stärker die Wölbung des Häkelstücks. Hier wird in der zweiten Runde jede zweite Masche verdoppelt, das heißt in jede zweite Masche der Vorrunde werden 2 feste Maschen gehäkelt.

In der **2. Runde** jede 2. Masche verdoppeln = 18 Maschen. In der **3. Runde** jede 3. Masche verdoppeln = 24 Maschen. In der **4. Runde** jede 4. Masche verdoppeln = 30 Maschen. In diesem Rhythmus weiterarbeiten bis in der **11. Runde** jede 11. Masche verdoppelt wurde und nun 72 Maschen vorhanden sind. Die **12. Runde** ohne Zunahmen arbeiten. In der **13. Runde** jede 12. Masche verdoppeln = 78 Maschen; **14.+15. Runde** ohne Zunahmen; **16. Runde:** jede 13. Masche verdoppeln = 84 Maschen; **17.+18. Runde** ohne Zunahmen; **19. Runde:** jede 14. Masche verdoppeln = 90 Maschen; **20.–30. Runde** ohne Zunahmen. Dann für die Krempe in der **31. Runde** jede 6. Masche verdoppeln = 105 Maschen. Die **32. Runde** ohne Zunahmen; **33. Runde:** jede 7. Masche verdoppeln = 120 Maschen; **34.+35. Runde** ohne Zunahmen; **36. Runde:** jede 8. Masche verdoppeln = 135 Maschen; **37.+38. Runde** ohne Zunahmen.
Nach der 38. Runde die Arbeit beenden (▸ 8).

Tipp: Wendeluftmaschen
Am Ende einer Reihe oder Runde werden Wendeluftmaschen gehäkelt, um die Arbeit auf die Höhe der nächsten Maschenreihe zu bringen. Wie viele benötigt werden, hängt von der Maschenart ab und wird jeweils in der Anleitung erwähnt. Bei höheren Maschenarten ersetzen die Wendeluftmaschen die erste Masche der Reihe/Runde, es wird also erst in die zweite Masche eingestochen und am Reihen-/Rundenende die letzte Masche in die oberste Wendeluftmasche gearbeitet. Als Faustregel gilt:
Feste Maschen: 1 Wendeluftmasche, Einstechen in die 1. Masche der Vorreihe/-runde.
Halbe Stäbchen: 2 Wendeluftmaschen, Einstechen in die 1. oder 2. Masche der Vorreihe/-runde.
Stäbchen: 3 Wendeluftmaschen, Einstechen in die 2. Masche der Vorreihe/-runde.
Doppelstäbchen: 4 Wendeluftmaschen, Einstechen in die 2. Masche der Vorreihe/-runde.
Dreifachstäbchen: 5 Wendeluftmaschen, Einstechen in die 2. Masche der Vorreihe/-runde.

Projekt 9

1

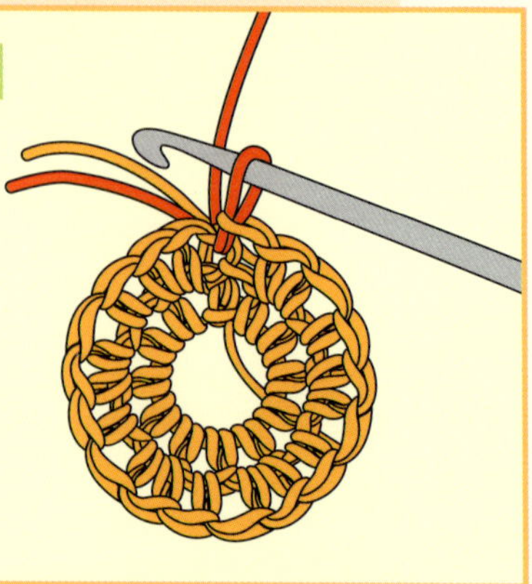

2

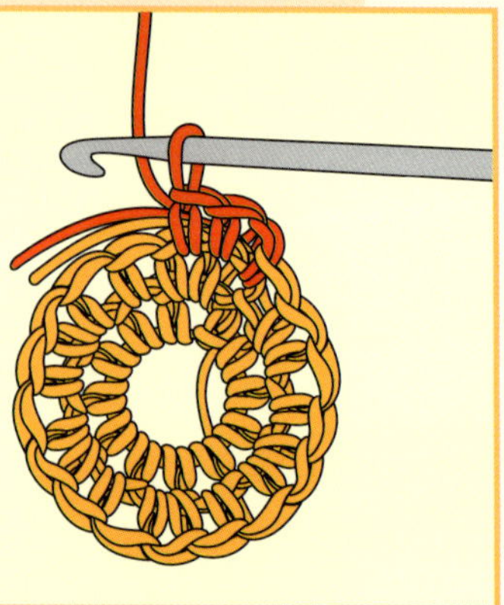

Fröhliche Ringelreihen

Auf Streifzug: Auch im Ringellook kann sich das Hütchen sehen lassen! Es wird genau wie sein Pendant in Flieder gehäkelt, die Streifen entstehen durch Knäuelwechsel alle zwei Reihen.

Häkelhut mit Streifen

Kopfumfang:
56–58 cm

Material:

- „Cotofilo" von Lana Grossa (88 % Baumwolle, 12 % Elitée, Lauflänge 85 m/50 g): je ca. 50 g Natur 19, Gelb 12, Oliv 13 und Orange 7
- Häkelnadel Nr. 4,5

Maschenprobe (▸ 58): 16 Maschen und 17 Reihen = 10 x 10 cm

So wird es gemacht:

Der Hut wird in einem Stück in Runden von der Kopfmitte bis zur Krempe gehäkelt. Die Arbeit beginnt mit einer Fadenschlinge (▸ 23) in Natur, in die 1 Luftmasche (▸ 6) und 11 feste Maschen (▸ 8) gearbeitet werden. Dann die Schlinge fest anziehen. Es wird in konzentrischen Runden gehäkelt (▸ 26). Dabei nach jeder 2. Reihe die Farbe wechseln.

Grundkurs

Farbwechsel

1. Um einen exakten Farbübergang zu erreichen, bereits die letzte Masche der Vorrunde (hier die Kettmasche zum Rundenabschluss) in der neuen Farbe abmaschen. Bei einem Farbwechsel innerhalb einer Reihe oder Runde die letzte Masche der vorhergehenden Farbe mit der neuen Farbe abmaschen.
2. Beide Fadenenden auf ca. 5 cm zurückschneiden und auf die Maschenglieder der Vorreihe legen. Die folgenden 4–5 Maschen über die Fadenenden arbeiten. Dabei wie gewohnt feste Maschen häkeln in deren Mitte die Fadenenden versteckt und fixiert werden.

Die Farbfolge Natur, Gelb, Oliv, Orange stets wiederholen, dabei immer 2 Runden in einer Farbe arbeiten. Gleichzeitig wie folgt zunehmen: In der **2. Runde** jede 2. Masche verdoppeln = 18 Maschen. In der **3. Runde** jede 3. Masche verdoppeln = 24 Maschen. In der **4. Runde** jede 4. Masche verdoppeln = 30 Maschen. In diesem Rhythmus weiterarbeiten bis in der **11. Runde** jede 11. Masche verdoppelt wurde und nun 72 Maschen vorhanden sind. Die **12. Runde** ohne Zunahmen arbeiten. **13. Runde:** jede 12. Masche verdoppeln = 78 Maschen; **14. und 15. Runde:** ohne Zunahmen; **16. Runde:** jede 13. Masche verdoppeln = 84 Maschen; **17. und 18. Runde:** ohne Zunahmen; **19. Runde:** jede 14. Masche verdoppeln = 90 Maschen; **20.–30. Runde:** ohne Zunahmen. Dann für die Krempe in der **31. Runde** jede 6. Masche verdoppeln = 105 Maschen; **32. und 33. Runde:** ohne Zunahmen; **34. Runde:** jede 7. Masche verdoppeln = 120 Maschen; **35.–37. Runde** ohne Zunahmen; **38. Runde:** jede 8. Masche verdoppeln = 135 Maschen; **39. und 40. Runde** ohne Zunahmen. Nach der 40. Runde die Arbeit beenden (▸ 8).

Projekt 10

Lieber Knuddelteddy

Ist er nicht süß? Mit seinen treuherzigen Knopfaugen erobert dieser Bär bestimmt jedes Herz.

Häkelbär

Größe:
sitzend ca. 22 cm

1
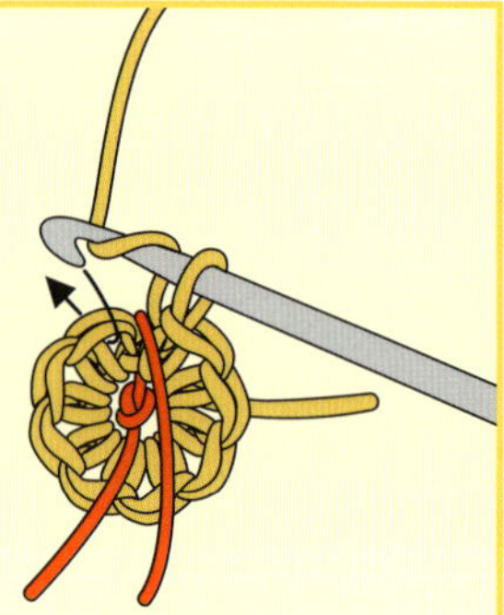

2
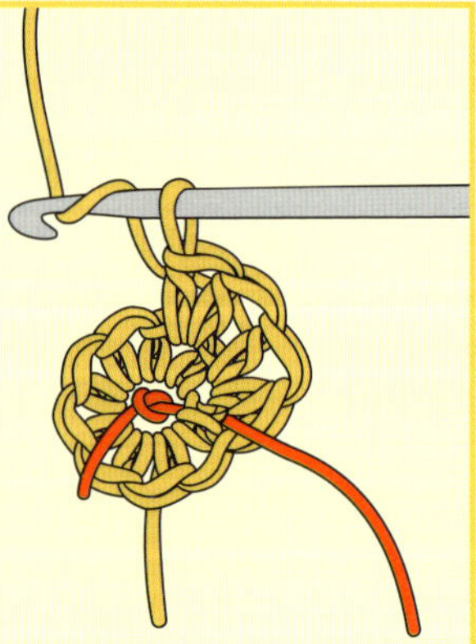

3
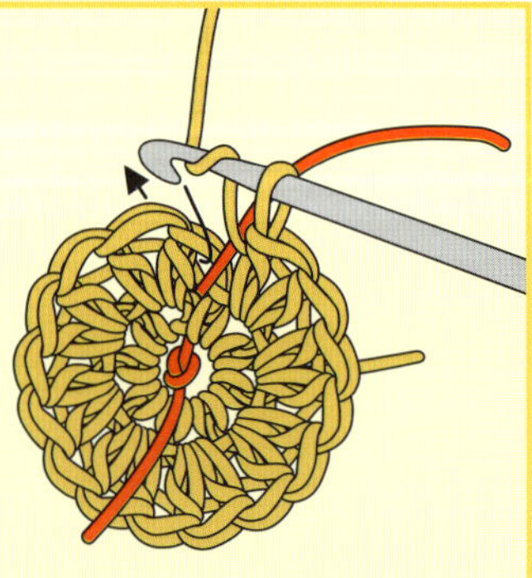

Material:
- „Anchor Magicline No 3" von Coats (100 % Baumwolle, Lauflänge 70 m/50 g): ca. 200 g Gelbcolor 1460
- Häkelnadel Nr. 4
- 2 Knöpfe
- Füllwatte

Maschenprobe (▶ 58): 19 Maschen und 13 Runden = 10 x 10 cm

So wird es gemacht:

Alle Körperteile werden jeweils einzeln mit festen Maschen (▶ 8) in der ersten Runde und halben Stäbchen (▶ 24) in allen folgenden Runden gehäkelt. Arbeitsbeginn ist jeweils eine Fadenschlinge (▶ 23). Es wird in Spiralrunden gehäkelt. Zunahmen (▶ 20) und Abnahmen (▶ 24) bestimmen die Form der Körperteile.

Grundkurs

Spiralrunden

1. Zunächst die angegebene Anzahl von Maschen (im Bild sind es feste Maschen) in die Fadenschlinge arbeiten. Dabei die Runde **nicht** mit einer Kettmasche schließen, sondern direkt in die 1. feste Masche der 1. Runde einstechen. Dabei den Rundenübergang mit einem andersfarbigen Faden markieren, denn die Runden schrauben sich spiralförmig in die Höhe, so dass nur schwer zu erkennen ist, wann eine neue Runde erreicht ist. Die Markierung zeigt den Rundenbeginn.
2. Wie in der Anleitung beschrieben die 2. Runde häkeln: Je zwei Maschen (hier sind es halbe Stäbchen) in jede Masche der Vorrunde arbeiten.
3. Am Rundenübergang den Markierungsfaden im Wechsel nach vorne bzw. nach hinten legen und entsprechend der Anleitung weiterarbeiten. Nach Beenden der Arbeit den Markierungsfaden herausziehen.

Körper:
1. Runde: 8 feste Maschen in eine Fadenschlinge arbeiten. **2. Runde:** 2 halbe Stäbchen in jede feste Masche = 16 Maschen; **3. Runde:** jede 2. Masche verdoppeln = 24 Maschen; **4. Runde:** jede 3. Masche verdoppeln = 32 Maschen; **5. Runde:** jede 4. Masche verdoppeln = 40 Maschen. In diesem Rhythmus weiterarbeiten bis in der **9. Runde** jede 8. Masche verdoppelt wurde und insgesamt 72 Maschen vorhanden sind. **10.–18. Runde** ohne Zunahmen; **19. Runde:** jede 8. und 9. Masche zusammen abmaschen (▶ 24) = 64 Maschen; **20. Runde** ohne Abnahmen; **21. Runde:** jede 7. und 8. Masche zusammen abmaschen = 56 Maschen; **22. Runde** ohne Abnahmen; **23. Runde:** jede 6. und 7. Masche zusammen abmaschen = 48 Maschen; **24.–26. Runde** ohne Abnahmen; **27. Runde:** jede 5. und 6. Masche zusammen abmaschen = 40 Maschen; **28. Runde** ohne Abnahmen; **29. Runde:** jede 4. und 5. Masche zusammen abmaschen = 32 Maschen; **30. Runde:** jede 3. und 4. Masche zusammen abmaschen = 24 Maschen. Die Arbeit beenden (▶ 8), dabei den Faden lang abschneiden. Den Körper mit Füllwatte füllen, den Faden durch die letzte Maschenreihe fädeln und die Öffnung mit dem Faden etwas zusammenziehen. Oben bleibt eine Öffnung, auf die später der Kopf genäht wird.

Arme (2 x):
1. Runde: 6 feste Maschen in eine Fadenschlinge arbeiten; **2. Runde:** 2 halbe Stäbchen in jede feste Masche = 12 Maschen; **3. Runde:** jede 2. Masche verdoppeln = 18 Maschen; **4. Runde:** jede 3. Masche verdoppeln = 24 Maschen; **5. Runde:** jede 4. Masche verdoppeln = 30 Maschen; **6.–11.Runde** ohne Zunahmen; **12. Runde:** jede 4. und 5. Masche zusammen abmaschen = 24 Maschen; **13. und 14. Runde** ohne Abnahmen; **15. Runde:** jede 3. und 4. Masche zusammen abmaschen = 18 Maschen; **16.–19. Runde** ohne Abnahmen; **20. Runde:** jede 2. und 3. Masche zusammen abmaschen = 12 Maschen; **21. Runde** ohne Abnahmen. Den Faden lang abschneiden und den Arm mit Füllwatte füllen.

Beide Arme seitlich oben an den Körper nähen, dabei die Schulter flach drücken.

Beine (2 x):
1. Runde: 6 feste Maschen in eine Fadenschlinge arbeiten; **2. Runde:** 2 halbe Stäbchen in jede feste Masche = 12 Maschen; **3. Runde:** jede 2. Masche verdoppeln = 18 Maschen; **4. Runde:** jede 3. Masche verdoppeln = 24 Maschen; **5. Runde:** jede 4. Masche verdoppeln = 30 Maschen; **6.–8. Runde** ohne Zunahmen; **9. Runde:** jede 4. und 5. Masche zusammen abmaschen = 24 Maschen; **10.–13. Runde** ohne Zunahmen; **14. Runde:** jede 3. und 4. Masche zusammen abmaschen = 18 Maschen; **15. Runde:** jede 2. und 3. Masche zusammen abmaschen = 12 Maschen; **16. Runde:** immer 2 Maschen zusammen abmaschen = 6 Maschen. Die Arbeit beenden, dabei den Faden lang abschneiden und das Bein mit Füllwatte füllen. Beide Beine mit ca. 8 cm Abstand vorne an den Körper nähen.

Kopf:
Bis zur **8. Runde** wie den Körper häkeln = 64 Maschen. Die **9.–11. Runde** ohne Zunahmen häkeln. Danach in jeder Runde wie folgt abnehmen: **12. Runde:** jede 7. und 8. Masche zusammen abmaschen = 56 Maschen; **13. Runde:** jede 6. und 7. Masche zusammen abmaschen = 48 Maschen; **14. Runde:** jede 5. und 6. Masche zusammen abmaschen = 40 Maschen; **15. Runde:** jede 4. und 5. Masche zusammen abmaschen = 32 Maschen; **16. Runde:** jede 3. und 4. Masche zusammen abmaschen = 24 Maschen. Jetzt den Kopf mit Füllwatte füllen – später ist die Öffnung zu klein! **17. Runde:** jede 2. und 3. Masche zusammen abmaschen = 16 Maschen; **18. Runde:** immer 2 Maschen zusammen abmaschen = 8 Maschen. Die Arbeit beenden, dabei den Faden lang abschneiden, den Faden durch die letzte Maschenreihe fädeln und die Öffnung mit dem Faden etwas zusammenziehen.

Schnauze:
Bis zur **5. Runde** wie das Bein häkeln. Dann noch eine Runde feste Maschen ohne Zunahme arbeiten. Die Arbeit beenden, dabei den Faden lang abschneiden, die Schnauze mit Füllwatte füllen und am Kopf festnähen.

Ohren (2 x):
Bis zur **5. Runde** wie das Bein häkeln. Die Arbeit beenden, dabei den Faden lang abschneiden.
Die Ohren jeweils flach zusammenfalten und an den Kopf nähen.
Die beiden Knöpfe als Augen aufnähen.

Projekt 11

Sanfte Blüten

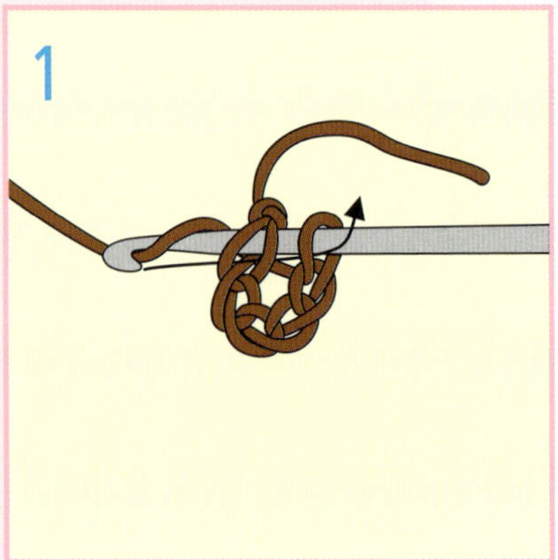

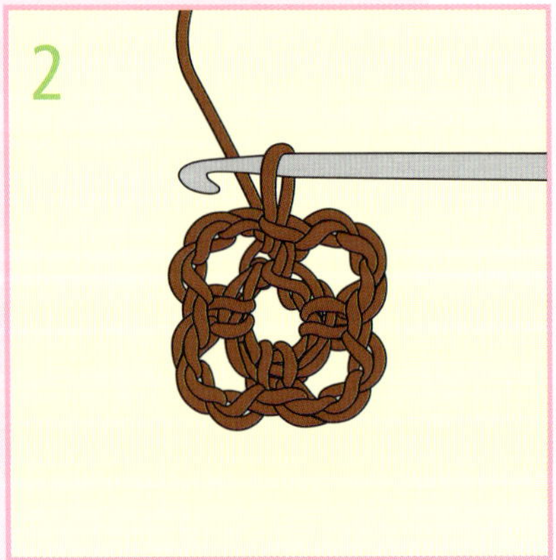

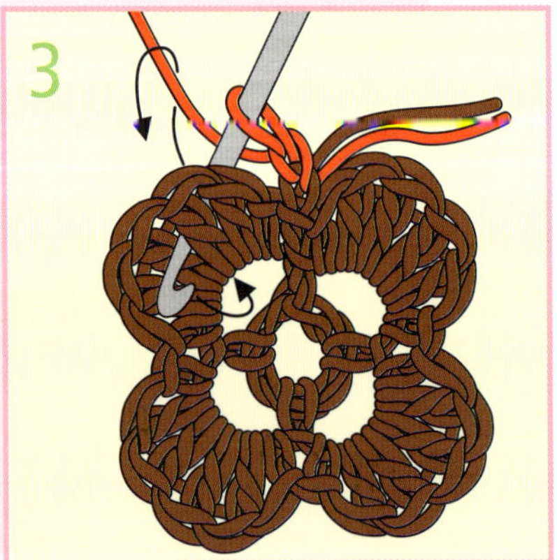

Häkelblüten in harmonischen Farben, Perlen und Pompons werden hier kombiniert. Ein smarter Hingucker an Gürtel, Tasche oder Wickeljacke!

Blütenbrosche

Blütendurchmesser:
ca. 8 cm

Material:
- „Merino Superwash" von Lang (100 % Merino Fino, Lauflänge 120 m/50 je 50 g oder ein Rest Natur 2, Braun Melange 268 und Rosa 9
- Häkelnadel Nr. 4
- 14 handbemalte braune Glasperlen
- Broschennadel, 35 mm

So wird es gemacht:

Die Blüten werden einzeln in Runden gehäkelt. Den Anfang macht dabei ein Luftmaschenring aus 5 Luftmaschen.

Grundkurs

Häkeln in Runden mit Luftmaschenring

1. Die in der Anleitung angegebene Anzahl Luftmaschen arbeiten (▸ 6). Mit einer Kettmasche (▸ 11) in die erste Luftmasche den Ring schließen.

Grundkurs

Häkelblüte

1. In den Luftmaschenring aus 5 Luftmaschen die 1. Runde arbeiten. Eingestochen wird dabei jeweils in die Ringmitte: 1 Anfangsluftmasche, * 3 Luftmaschen, 1 feste Masche (▸ 8) in den Ring arbeiten, ab * noch 2 x wiederholen, 3 Luftmaschen.

2. Die 1. Runde mit einer Kettmasche in die Anfangsluftmasche schließen. Die 2. Runde arbeiten: 1 Anfangsluftmasche, * um den Luftmaschenbogen der Vorrunde 1 feste Masche, 4 Stäbchen (▸ 16), 1 feste Masche, arbeiten, ab * noch 3 x wiederholen, die Runde mit einer Kettmasche in die 1. feste Masche beenden.

3. Nun die Farbe wechseln und die 3. Runde arbeiten: 2 Luftmaschen, * zwischen das 2. und 3. Stäbchen 1 feste Masche um den Luftmaschenbogen der 1. Runde arbeiten, dabei von hinten einstechen, 5 Luftmaschen, ab * noch 3 x wiederholen, 1 Kettmasche in die 1. feste Masche dieser Runde.

4. Runde: 1 Anfangsluftmasche, * in den Luftmaschenbogen 1 feste Masche, 8 Stäbchen, 1 feste Masche arbeiten, ab * noch 3 x wiederholen, 1 Kettmasche in die 1. Masche dieser Runde.
5. Runde: Nun die Farbe wieder wechseln. 1 Anfangsluftmasche, * 4 Luftmaschen, 1 feste Masche zwischen das 4. und 5. Stäbchen um den Luftmaschenbogen der 3. Runde, 4 Luftmaschen, 1 feste Masche in die folgende feste Masche der 3. Runde, ab * noch 3 x wiederholen, enden mit 1 Kettmasche anstelle der festen Masche in die erste Masche dieser Runde.
6. Runde: 1 Anfangsluftmasche, * 1 feste Masche, 6 Stäbchen und 1 feste Masche in den Luftmaschenbogen der Vorrunde, ab * noch 7 x wiederholen, enden mit 1 Kettmasche anstelle der festen Masche in die erste Masche dieser Runde.

Zwei Blüten wie beschrieben anfertigen, dabei die Farben variieren: Runde 1 und 2 in Natur, Runde 3 und 4 in Rosa, Runde 5 und 6 in Braun. Die zweite Blüte in der Farbfolge Braun, Natur, Rosa arbeiten. In die Mitte jeder Blüten eine Perle nähen.
2 Pompons mit einem Durchmesser von etwa 3 cm anfertigen, (▸ 61), dabei alle 3 Farben wickeln. Den Abbindefaden lang hängen lassen.
Fertigstellung: Die beiden Blüten wie im Foto gezeigt aufeinander nähen. Auf den Abbindefaden des ersten Pompons 5 Perlen auffädeln und auf der Rückseite an die Häkelblütengruppe knoten. Auf den Abbindefaden des zweiten Pompons 7 Perlen auffädeln und neben den ersten an die Häkelblüten knoten. Die Broschennadel an die Rückseite nähen.

1
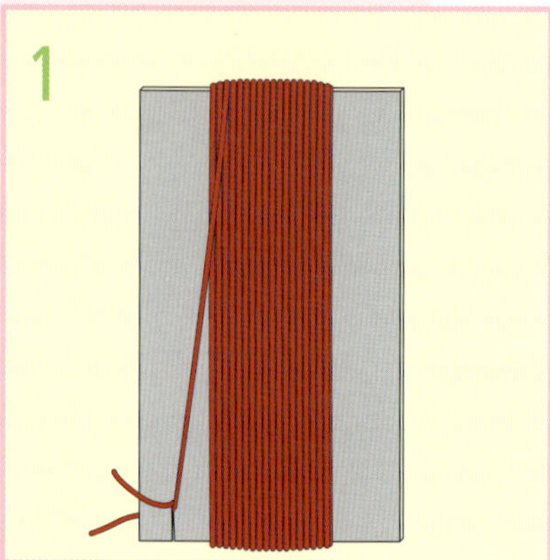

2
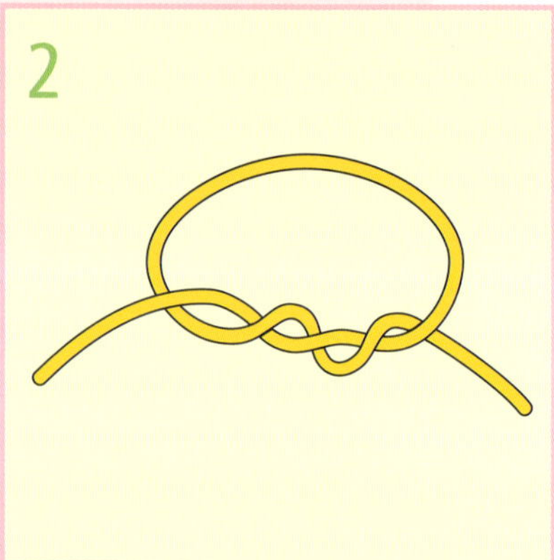

3
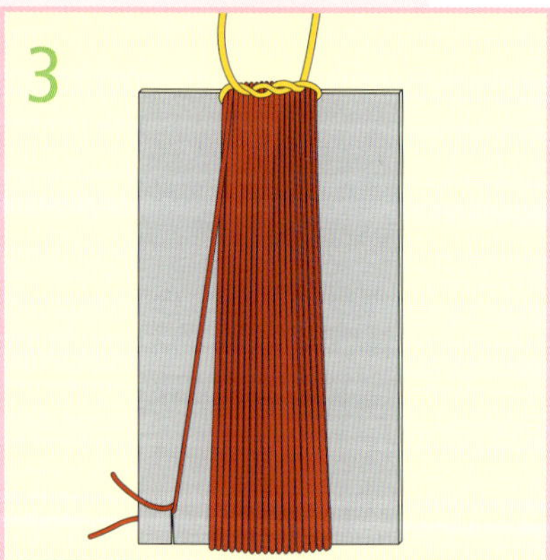

4

Blütenkette

Ein echtes Schmuckstück! Die Kette mit bunten Holzperlen, Häkelblüte und Quaste peppt jedes Outfit auf!

Blütendurchmesser:
ca. 8 cm

Material:
- „Merino Superwash" von Lang (100 % Merino Fino, Lauflänge 120m/ 50) je 50 g oder ein Rest Pink 85, Weinrot 280 und Petrol 272
- Häkelnadel Nr. 4
- Holzperlenmischung Lila-Pink, 6 Perlen, 15 mm Ø, 8 Perlen, 10 mm Ø
- Holzperlenmischung Türkis-Mix, 7 Perlen, 15 mm Ø, 9 Perlen, 10 mm Ø, 12 Perlen, 4 mm Ø
- 2 Lederriemen Sepia à 1 m, 1 mm Ø
- Textilkleber

So wird es gemacht:
Eine Blüte, wie bei der Blütenbrosche beschrieben, anfertigen. Die 1. und 2. Runde in Pink, 3. und 4. in Weinrot, 5. und 6. in Petrol. In die Mitte eine Perle in Petrol (10 mm Ø) nähen.

Die Lederriemen aneinanderknoten und wie folgt bestücken: Zunächst auf jede Schnur 8 Perlen von 10 mm Ø auffädeln, dabei vor und nach jeder Perle einen Knoten arbeiten und zwischen den Knoten etwa 1 cm Abstand lassen. Die Farben wie auf dem Foto zu sehen oder nach eigenen Ideen verteilen.
Nach der letzten Perle mit ca. 1 cm Abstand an jedem Lederband einen Knoten arbeiten und jeweils 3 Perlen Türkis-Mix (15 mm Ø) jeweils mit Knoten dazwischen aufreihen. 1 cm Abstand lassen, 1 Knoten bilden und je 3 Perlen Lila-Pink, 15 mm Ø, jeweils mit Knoten dazwischen aufreihen. Nun 1 cm Abstand lassen, Knoten bilden und die Lederriemen auf der Rückseite der Blüte mit etwa 1 cm Abstand voneinander durchziehen. Unterhalb der Blüte je 1 Knoten arbeiten, je 1 Perle (10 mm Ø) in Weinrot aufziehen und unterhalb beide

5
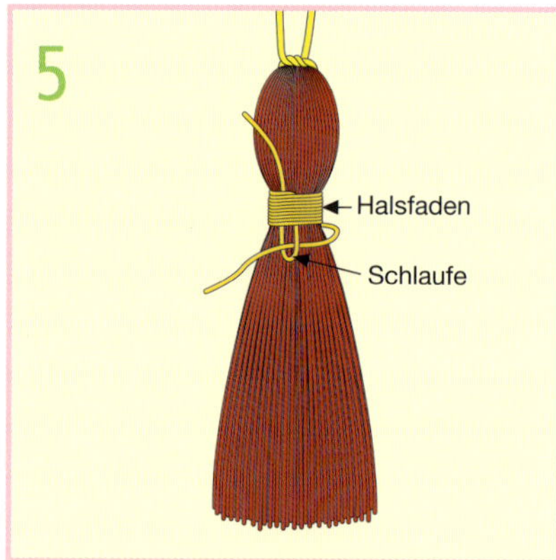

6

Riemen miteinander verknoten. Eine Quaste in Pink arbeiten. Dafür ein ca. 4 x 7 cm großes Kartonstück etwa 40 x umwickeln. Auf den Halsfaden in Pink 12 Perlen von 4 mm Ø auffädeln und den Hals mit 5–6 Wicklungen abbinden, dabei bei der letzten Umwicklung die Perlen rundum platzieren.

Grundkurs

Quaste
1. Aus Karton ein Rechteck in der angegebenen Größe zuschneiden. An der unteren Schmalseite einen ca. 1 cm langen Schlitz einschneiden. Das Fadenende in den Schlitz klemmen und den Karton locker und ohne Spannung gleichmäßig umwickeln. Die in der Anleitung genannte Anzahl von Wicklungen arbeiten, dann den Faden abschneiden und in den Schlitz einklemmen.
2. Den Garnstrang oben mit einem Chirurgenknoten abbinden. Bei die-

sem Knoten wird der Faden nicht 1-mal, sondern 2-mal umeinander gelegt.

3. Zum Abbinden einen ca. 30 cm langen Faden mit einer stumpfen Wollnadel zwischen Karton und Strang durchführen und mit Chirurgenknoten und 2–3 weiteren einfachen Knoten sichern. Die Fadenenden aus dem Schlitz ziehen, den Karton entfernen und den Garnstrang an der unteren Mitte mit der Schere aufschneiden.

4. Nun den „Hals" abbinden. Dafür einen ca. 30 cm langen Faden verwenden. Fadenanfang im oberen Drittel zur Schlaufe legen und mit dem Daumen der 1. Hand fixieren. Dann das Garn fest um den Strang wickeln. Dabei darauf achten, dass die Wicklungen eng nebeneinander von oben nach unten liegen und die Schlaufe sich darunter befindet.

5. Dann das Fadenende durch die Schlaufe führen und den Faden am anderen Ende anziehen, so dass sich die Schlaufe zusammenzieht und das Fadenende mitgefasst wird. Die Schlaufe so fest anziehen, dass sie unter den „Hals" rutscht. Fäden knapp abschneiden.

6. Den „Rock" der Quaste mit der Schere zurechtschneiden.

Nun den unteren Abschluss der Kette wie folgt arbeiten: Durch eine türkisfarbene Perle 15 mm Ø die beiden Abbindefäden der Quaste ziehen, dann etwas Klebstoff in die Perle geben. Beide Riemen auf 15 mm nach dem Knoten kürzen und vom anderen Ende her durch die Perle schieben. Die mit Klebstoff getränkten Fäden 1 x um die Lederriemen legen, andrücken und den überstehenden Faden abschneiden. Klebstoff trocknen lassen.

Modisches Stückwerk

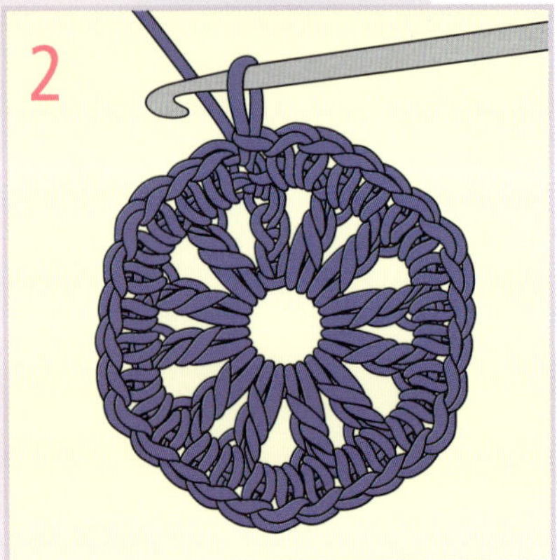

Für diesen wunderbar kuschelweichen Mohairpulli werden 252 Rosetten einzeln gefertigt und aneinandergehäkelt. Klingt viel, geht aber leicht und schnell von der Hand, probieren Sie es aus!

Patchworkpulli aus Rosetten

Größe:
38–42

Material:
- „Kidair" von Lana Grossa (25 % Kid Mohair, 75 % Microfaser, Lauflänge 105 m/50 g): 500 g Flieder 3 und je 50 g Rosa 12 sowie Weiß 8
- Häkelnadel Nr. 6

So wird es gemacht:
Der Pullover wird aus einzeln gehäkelten Sechseck-Rosetten zusammengenäht.

Grundkurs

Sechseck-Rosette

1. 5 Luftmaschen anschlagen (▸ 6) und mit 1 Kettmasche zum Ring schließen (▸ 32). Die 1. Runde wie folgt häkeln: In den Ring 3 Luftmaschen als Ersatz für das 1. Stäbchen und 1 Luftmasche, * 1 Stäbchen (▸ 16), 1 Luftmasche, ab * 10 x wiederholen, die Runde mit einer Kettmasche in die oberste der 3 Ersatzluftmaschen schließen.
2. Dann die 2. Runde wie folgt häkeln: 1 Luftmasche als Ersatz für die erste feste Masche, * 1 feste Masche um die Luftmasche, 1 feste Masche auf das Stäbchen, 2 feste Maschen (= Ecke) um die folgende Luftmasche, 1 feste Masche auf das Stäbchen, ab * noch 5 x wiederholen. Die Runde mit 1 Kettmasche auf die oberste Ersatzluftmasche beenden.

Eine Rosette hat einen Durchmesser von etwa 6,5 cm: Von gerader Kante zu gerader Kante 6 cm, von Ecke zu Ecke 7 cm. Falls Ihre Rosette kleiner ausfällt, eine dickere Nadel (6,5 oder größer) verwenden, ist sie größer, eine dünnere Nadel (5,5 oder kleiner) einsetzen.
Es werden insgesamt 252 Sechseck-Rosetten benötigt: 4 in Weiß, 24 in Rosa und 224 in Flieder. Die Sechsecke jeweils nur an den Ecken laut Schnittplan miteinander verbinden, indem bereits ab der 2. Rosette jeweils 2 Eckmaschen der beiden gegenüber liegenden Rosetten mit 1 Kettmasche (▸ 11) verbunden werden. Die Rosetten in Flieder und Weiß wie im Schnittplan gezeigt einfügen. An den Ärmeln gehen die Blüten über die Ärmelmitte. Im Rückenteil statt Rosa und Weiß nur Flieder verwenden.

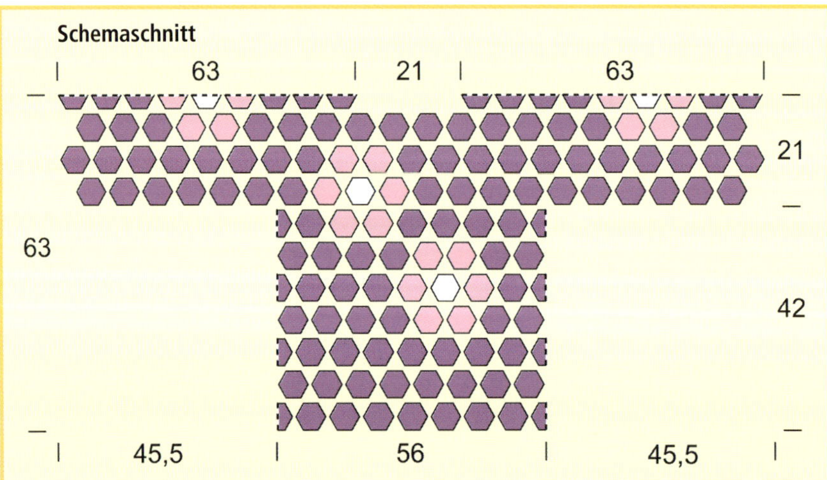

Wellness zum Reinkuscheln

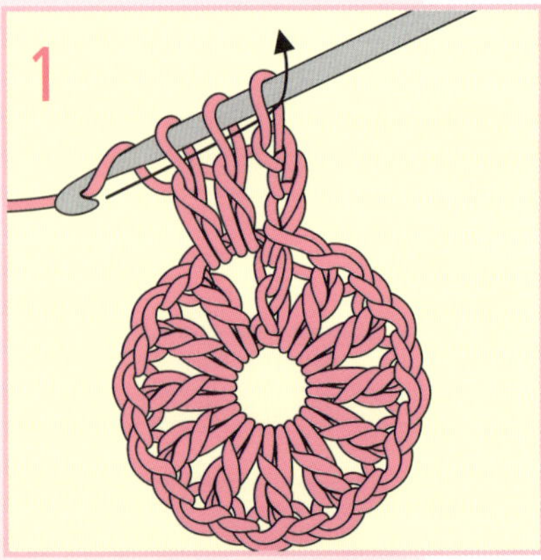

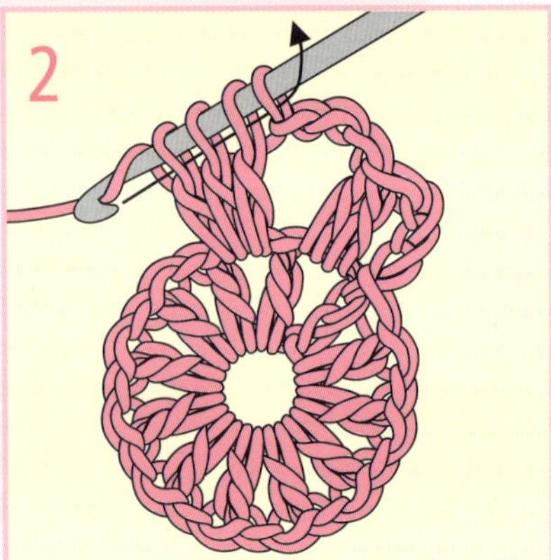

Die heitere Schmeichelfarbe Rosa, das filigrane Muster und vor allem das extra flauschige Mohairgarn machen diese Stola zum Wohlfühlstück an kalten Tagen.

Patchwork-Stola

Größe:
60 x 176 cm

Material:
- „Damasco" von Fischer Wollversand (50 % Mohair, 50 % Polyacryl, Lauflänge 160 m/50 g): 400 g Rosa 60508
- Häkelnadel Nr. 3

Maschenprobe (▸ 58): 1 Häkelquadrat = 10 x 10 cm

So wird es gemacht:

Die Stola besteht aus einzeln gehäkelten Quadraten. Jedes Quadrat laut Häkelschrift (▸ 18) arbeiten. Da in Runden gehäkelt wird, ist auch die Häkelschrift entsprechend dargestellt. Zur besseren Übersicht ist jede zweite Runde andersfarbig gezeichnet. Die Zahl in der Mitte gibt an, wie viele Luftmaschen (▸ 8) mit einer Kettmasche (▸ 11) zur Runde geschlossen werden (▸ 32). Die Zahlen bezeichnen die Runden. Es werden feste Maschen (▸ 8), Stäbchen (▸ 16) und Doppelstäbchen (▸ 22) gehäkelt. In der zweiten Runde werden Stäbchen in eine Einstichstelle gearbeitet und zusammen abgemascht.

Häkelschrift

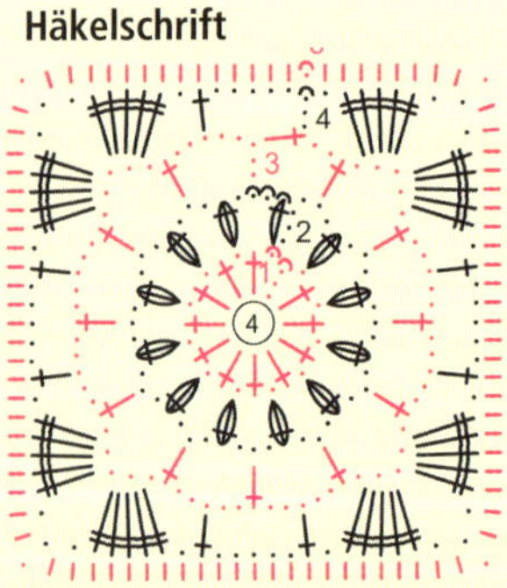

Zeichenerklärung
- ⌒ = Kettmasche (▸ 10)
- · = Luftmasche (▸ 6)
- I = feste Masche (▸ 8)
- † = Stäbchen (▸ 16)
- = 3 zusammen abgemaschte Stäbchen in eine Einstichstelle (▸ 38)
- ‡ = Doppelstäbchen (▸ 22)

Schemaschnitt

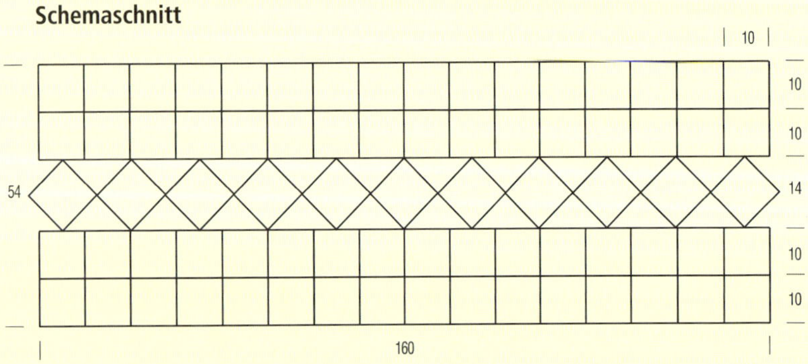

Grundkurs

Zusammen abgemaschte Stäbchen in eine Einstichstelle

1. Die erste Runde laut Häkelschrift mit 1 Kettmasche schließen, es folgen 3 Luftmaschen als Ersatz für das 1. Stäbchen. Dann 1 Stäbchen in den Luftmaschenbogen häkeln, allerdings nur 1 x 2 Schlingen abmaschen, es liegen noch zwei Schlingen auf der Nadel. Dann das zweite Stäbchen arbeiten: 1 Umschlag bilden, in den Luftmaschenbogen einstechen, den Faden durchholen, nochmals 1 Umschlag bilden und durch 2 auf der Nadel liegende Schlingen ziehen. Es liegen jetzt 3 Schlingen auf der Nadel, den Faden nochmals um die Nadel legen und durch alle 3 Schlingen ziehen, das heißt, alle zusammen abmaschen.
2. Laut Häkelschrift folgen nun 3 Luftmaschen. Dann 3 zusammen abgemaschte Stäbchen um den Luftmaschenbogen arbeiten. Dafür das erste Stäbchen wie gewohnt mit einem Umschlag beginnen, unterhalb des Luftmaschenbogens einstechen, den Faden durchholen, nochmals um die Nadel legen und durch 2 auf der Nadel liegende Schlingen ziehen. Es liegen 2 Schlingen auf der Nadel. Nun das zweite Stäbchen beginnen und genauso arbeiten bis noch 3 Schlingen auf der Nadel liegen. Das dritte Stäbchen entsprechend arbeiten bis noch 4 Schlingen auf der Nadel liegen. Nun den Faden um die Nadel legen und durch alle 4 Schlingen ziehen, diese also zusammen abmaschen.
4 Luftmaschen zur Runde schließen.

Nach der Häkelschrift arbeiten. Die Stäbchen der 1. Runde in den Luftmaschenring häkeln. Die Stäbchen der 3. Rund jeweils um den Luftmaschenbogen der Vorrunde arbeiten. Die Stäbchen bzw. Doppelstäbchen der 4. Runde ebenfalls um den Luftmaschenbogen der Vorrunde häkeln. In der 5. Runde die festen Maschen über den Luftmaschen jeweils um diese arbeiten.

Fertigstellung: Insgesamt 75 Quadrate arbeiten und wie im Schema dargestellt zusammensetzen. Dabei zunächst 2 Teilstücke von je 16 Quadraten Länge und 2 Quadraten Breite aneinandernähen (▸ 59) und die mittlere Reihe aus 11 Quadraten an den Ecken verbinden. Dann die Bahnen zusammenfügen.

Projekt 14

Schön leger und entspannt wirkt der Pulli aus Kuschelgarn. Erst auf den zweiten Blick zeigt er seine pfiffigen Details: Trompetenärmel mit Bindeband und ein hübscher Kantenabschluss.

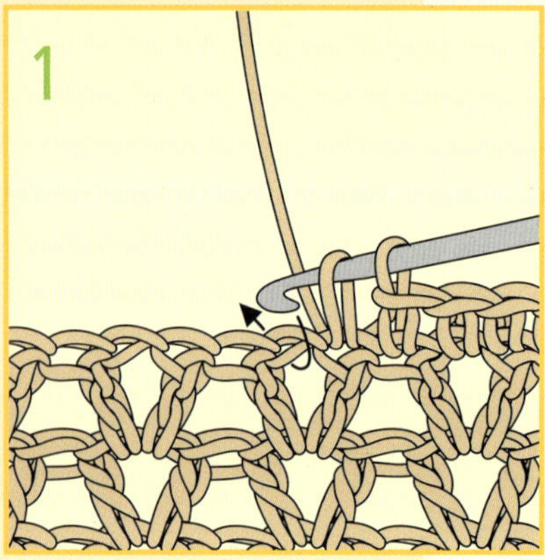

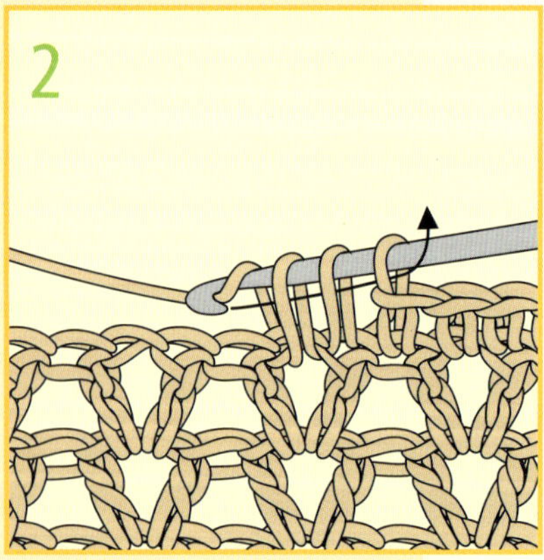

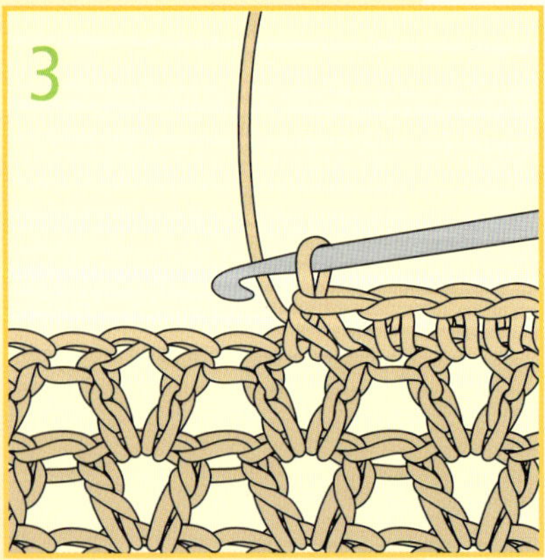

Herrlich lässig

Kuschelpulli

Größe:
36/38 (40/42)
Die Angaben für die zweite Größe stehen jeweils in Klammern. Ist nur eine Angabe gemacht, gilt diese für beide Größen.

Material:
- „Soffice" von Lana Grossa (62 % Merino extrafine, 28 % Acryl, 10 % Cashmere, Lauflänge 130 m/50 g): ca. 450 g in Camel meliert 6
- Häkelnadel Nr. 3

Grundmuster: Laut Häkelschrift auf Seite 43 arbeiten (▸ 18). Mit der Masche bzw. mit den 3 Luftmaschen als Ersatz für das 1. Stäbchen vor dem Mustersatz (MS) beginnen, den Mustersatz stets wiederholen, enden mit den Maschen nach dem Mustersatz. Die 1. und 2. Reihe 1 x arbeiten, dann die 2. Reihe stets wiederholen.

Maschenprobe (▸ 58) im Grundmuster: 20 Maschen und 8 Reihen = 10 x 10 cm

Der Schnitt befindet sich auf Seite 43.

So wird es gemacht:

Rückenteil: 92 (101) Luftmaschen + 3 Wendeluftmaschen anschlagen (▸ 6) und im Grundmuster häkeln. Für die Armausschnitte nach 35 cm = 28 Reihen ab Anschlag beidseitig in jeder Reihe 1 x 4, 1 x 3 und 1 x 2 Maschen abnehmen = 74 (83) Maschen (▸ 12 Abnahmen am Rand). Für den Halsausschnitt nach 50 cm = 40 Reihen (51,5 = 41 Reihen) ab Anschlag die mittleren 26 (27) Maschen unbehäkelt lassen und beide Seiten getrennt beenden (▸ 18). Für die Rundung am inneren Rand in jeder Reihe 2 x je 5 Maschen abnehmen. Nach 54 cm = 43 Reihen (55,5 cm = 44 Reihen) ab Anschlag über den restlichen je 14 (18) Schultermaschen die Arbeit beenden (▸ 8).

Vorderteil: Genauso arbeiten, jedoch mit Schlitz und tieferem Halsausschnitt. Dafür bereits nach 37,5 cm = 30 Reihen (39 cm = 31 Reihen) ab dem Anschlag die Arbeit in der Mitte teilen (die Mittelmasche unbehäkelt lassen) und jede Seite getrennt beenden (▸ 18). Für die Halsrundung nach 45 cm = 36 Reihen (46,5 cm = 37 Reihen) ab Anschlag am inneren Rand in jeder Reihe 3 x je 7 Maschen und 1 x 2 abnehmen. Die Arbeit in Rückenteilhöhe beenden (▸ 8).

Ärmel: 71 (77) Luftmaschen + 3 Wendeluftmaschen anschlagen und für die Blende 12,5 cm = 10 Reihen im Grundmuster häkeln. Dann für die Trompetenform 2 Reihen feste Maschen (▸ 8) arbeiten, dabei in der 1. Reihe gleichmäßig verteilt 27 Maschen abnehmen. Dafür im folgenden Rhythmus jeweils 2 feste Maschen zusammen abmaschen: 1 Luftmasche als Ersatz für die 1. feste Masche, 1 (4) feste Masche(n), * 2 x 2 feste Maschen zusammen abmaschen, 1 feste Masche, ab * noch 12 x wiederholen, 2 feste Maschen zusammen abmaschen, 2 (5) feste Maschen = 44 (50) Maschen.

Grundkurs

Abnahmen innerhalb der Reihe: 2 feste Maschen zusammen abmaschen

1. Die erste feste Masche wie gewohnt beginnen: In die Masche der Vorreihe einstechen, den Faden um die Nadel legen und durchholen. Es liegen nun zwei Schlingen auf der Nadel. Diese jedoch nicht wie gewohnt abmaschen, sondern in die nächste Einstichstelle einstechen.
2. Den Faden um die Nadel legen und durchholen. Es liegen nun drei Schlingen auf der Nadel. Nun den Faden wieder um die Nadel legen und durch alle 3 Schlingen ziehen, d.h. beide feste Maschen zusammen abmaschen.
3. Über den 2 Maschen der Vorreihe liegt nun nur noch 1 Masche.

Anschließend im Grundmuster weiterarbeiten, dabei für die Ärmelschrägung beidseitig 1 x in der folgenden 4. Reihe und 10 x in jeder 2. Reihe je 1 Masche mustergemäß zunehmen = 66 (72) Maschen.

Fortsetzung Seite 42

Fortsetzung von Seite 40

Grundkurs

Mustergemäße Zunahmen am Rand
Um die Maschenzahl zu erhöhen werden jeweils zwei Maschen in eine Masche der Vorreihe gehäkelt. Dafür jeweils in die 1. und letzte Masche der Reihe eine zusätzliche Masche arbeiten. Damit dadurch das Muster nicht gestört wird, darauf achten, den Mustersatz über den übrigen Maschen sinngemäß fortzusetzen.

1. Am Reihenanfang wird mit jeder Zunahme ein neuer Mustersatz von links nach rechts aufgebaut. Die einzelnen Zunahmen werden so lange als Stäbchen (oder – je nach Muster – auch als feste Maschen) gearbeitet, bis ein Mustersatz vollständig ist. Ab dann kann er im üblichen Muster gehäkelt werden.
2. Am Reihenende wird genauso nach und nach ein neuer Mustersatz aufgebaut. Nach 3 Zunahmen ist also bei diesem Muster ein vollständiger Mustersatz hinzugekommen.

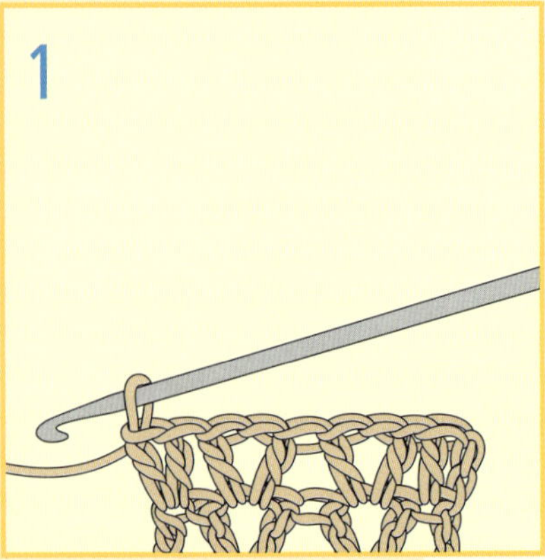

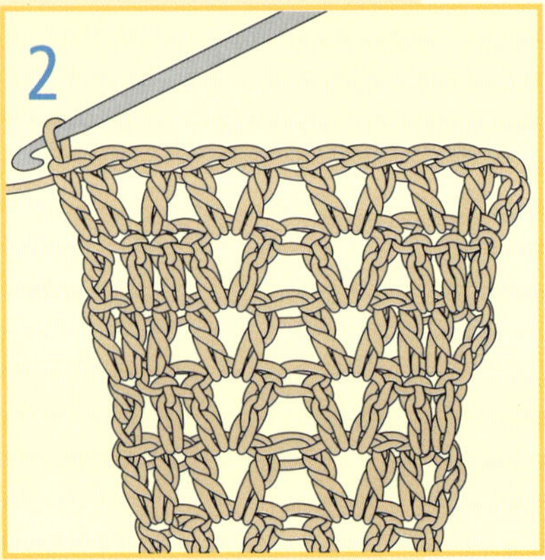

Für die Armkugel nach 32,5 cm = 26 Reihen ab der letzten Feste-Maschen-Reihe beidseitig in jeder 2. Reihe 1 x 5, 1 x 3, 2 x je 2, 1 x 3, 1 x 4 und 1 x 7 Maschen abnehmen = 14 (20) Maschen (▸ 12 Abnahmen am Rand). Nach 50 cm = 40 Reihen ab der letzten Feste-Maschen-Reihe die Arbeit beenden (▸ 8).

Fertigstellung: Schulter-, Seiten- und Ärmelnähte schließen (▸ 59). Den Halsausschnitt und die Schlitzkanten, Saum- und Ärmelkanten mit je 1 Runde fester Maschen und Häkelschlaufen mit Picots wie folgt behäkeln:

Grundkurs

Häkelschlaufen mit Picots

1. Nach einer Runde fester Maschen (▸ 8) 1 Kettmasche (▸ 11) in die erste Masche der Vorrunde arbeiten. Nun * 5 Luftmaschen häkeln.
2. Dann ein Picot arbeiten, dafür eine Kettmasche in die 3. Luftmasche häkeln.

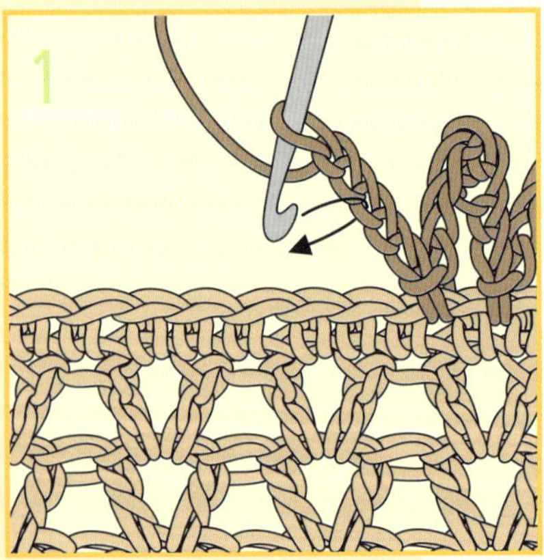

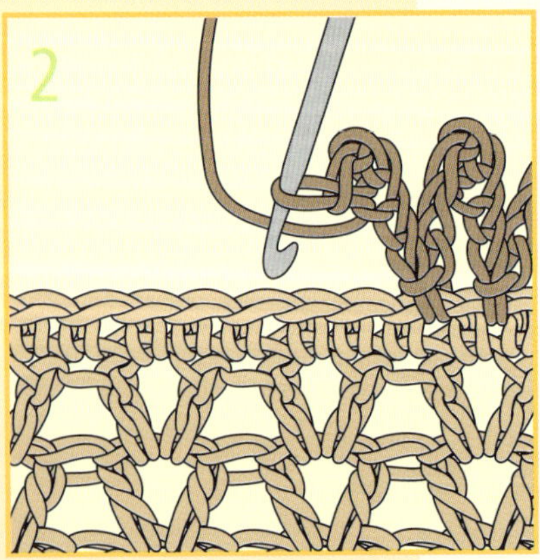

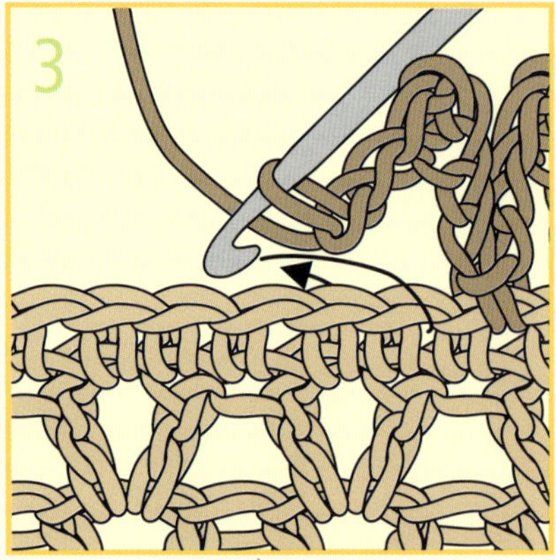

3. 2 Luftmaschen häkeln, dann 1 Kettmasche in die folgende Masche. Ab * in Punkt 1 stets wiederholen.

Ärmel einsetzen.

Grundkurs

Steppstich: Ärmel mit Armkugel einsetzen
Zunächst die gerade Ärmelnaht schließen (▸ 59).

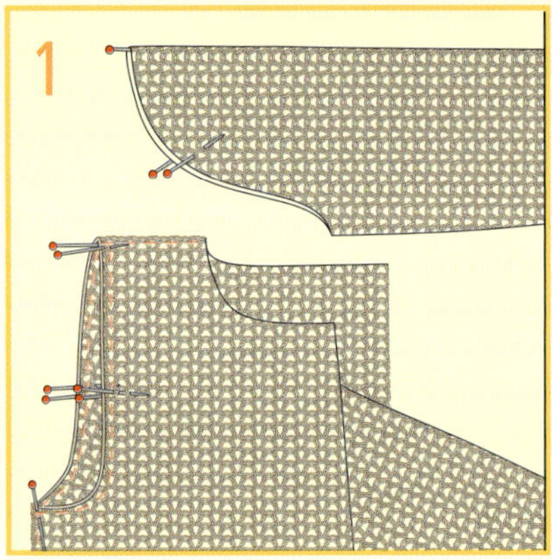

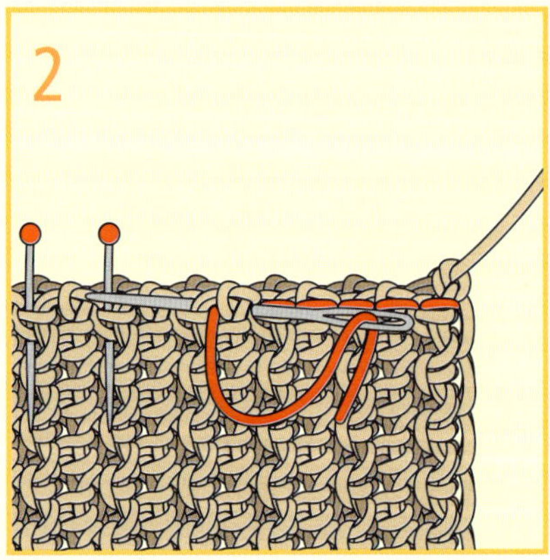

1. Die Ärmelmitte markieren. Den zusammengenähten Pulli auf links wenden und den Ärmel in das Armloch schieben. Den Ärmel rechts auf rechts auf die Schulternaht legen und mit Stecknadeln befestigen, die Ärmelmitte trifft auf die Schulternaht. Von der Mitte ausgehend den Ärmel mit Stecknadeln im Armausschnitt fixieren, dabei die Ärmelweite gleichmäßig verteilen. Die Ärmelnaht trifft auf die Seitennaht. Die gestrichelte Linie zeigt den Verlauf der Nähte.
2. Diese Naht wird im Steppstich gearbeitet (ausstechen, einen Rückstich arbeiten und links vor der Ausstichstelle wieder ausstechen). Die Stepplinie soll unterhalb der Kante verlaufen. Beim Ein- und Ausstechen möglichst nur zwischen die Maschen stechen, den Faden also nicht durchstechen. Überprüfen Sie ab und zu den Verlauf und das Aussehen der Naht auf der Vorderseite.

Eine Luftmaschenkette (▸ 6) von ca. 130 cm Länge und zwei Luftmaschenketten von je 60 cm Länge arbeiten und in den Häkelschlaufenrand bzw. in die festen Maschen der Ärmelblenden einziehen und zu einer Schleife binden.

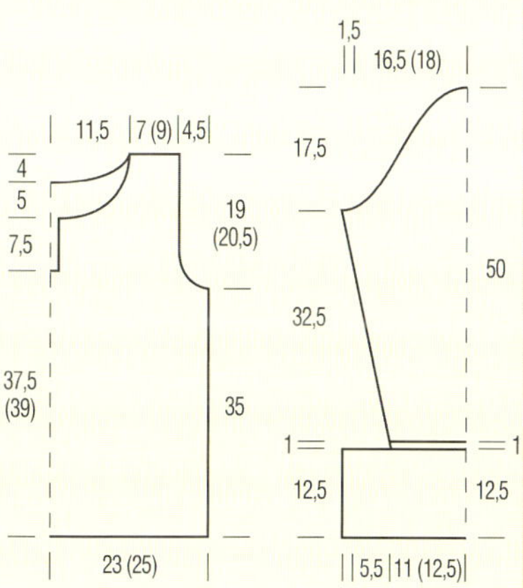

Häkelschrift

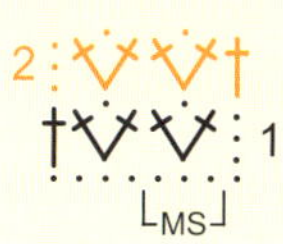

Zeichenerklärung

· = Luftmasche (▸ 6)
† = Stäbchen (▸ 16)
= 1 Stäbchen, 1 Luftmasche, 1 Stäbchen in 1 Einstichstelle (▸ 20)

Projekt 15

Herbstliche Töne

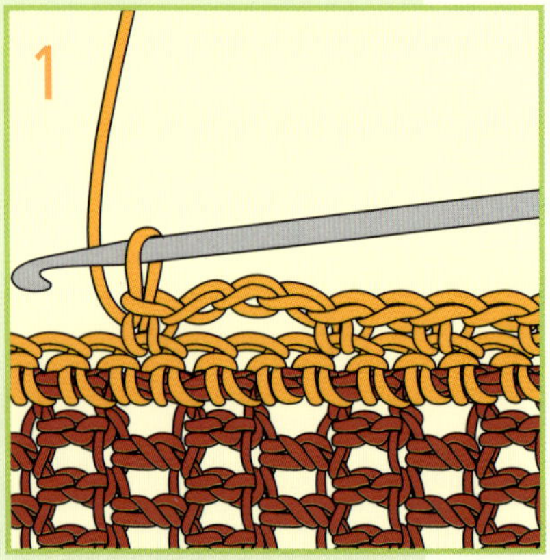

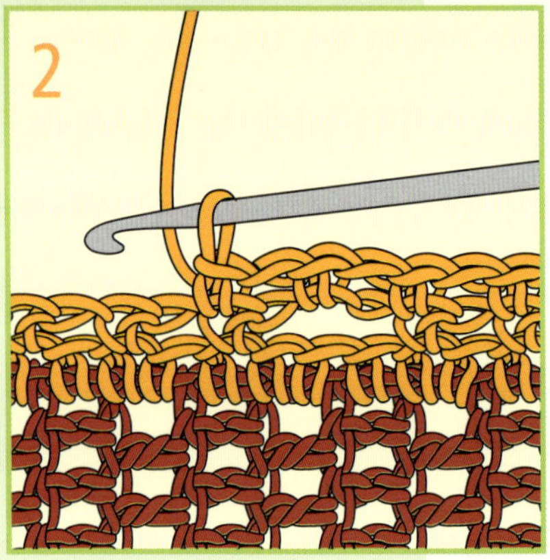

Häkelschrift

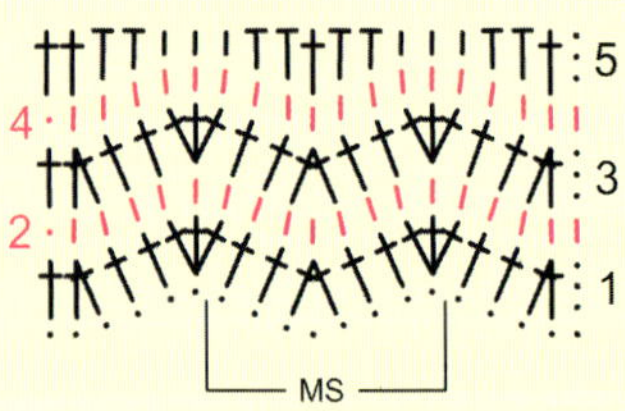

Zeichenerklärung

· = Luftmasche (▸ 6)
I = feste Masche (▸ 8)
T = halbes Stäbchen (▸ 24)
† = Stäbchen (▸ 16)
= 3 Stäbchen in eine Einstichstelle (▸ 20)
= 2 Stäbchen zusammen abmaschen (▸ 38).

Alles aus einem Knäuel! Das reine Schurwollgarn bringt den Streifenverlauf in den harmonisch abgestuften Farben des Herbstes mit. Sie häkeln einfach nur drauf los!

Wellenmusterjacke in Laubfarben

Größe:
38–42

Material:
- „Big Print Young Fashion" von Schoeller + Stahl (100 % Schurwolle, Lauflänge 85 m/50 g): ca. 800 g Weinlaub 7941
- Häkelnadel Nr. 4,5
- 10 Lederknöpfe, 2,5 cm Ø

Wellenmuster: Laut Häkelschrift arbeiten (▸ 18). Jede Reihe beginnt mit 3 bzw. 1 Wendeluftmasche als Ersatz für das 1. Stäbchen bzw. die 1. feste Masche. Mit den Maschen vor dem Mustersatz beginnen, den Mustersatz stets wiederholen und mit den Maschen nach dem Mustersatz enden. **Achtung:** Es wird stets nur in das hintere Maschenglied eingestochen (▸ 15). Die 1. – 4. Reihe 1 x arbeiten, dann die 3. + 4. Reihe stets wiederholen, enden mit der 5. Reihe.

Maschenprobe (▸ 58) im Wellenmuster mit Nadel Nr. 4,5: 15 Maschen und 10,5 Reihen = 10 x 10 cm

So wird es gemacht:

Rückenteil: 83 Luftmaschen + 3 Wendeluftmaschen anschlagen (▸ 6) und im Wellenmuster arbeiten. Für den Halsausschnitt nach 61 cm = 61 Reihen ab Anschlag die mittleren 23 Maschen unbehäkelt lassen (dabei in der 61. Reihe über diesen Maschen die 5. Reihe der Häkelschrift arbeiten) und jede Seite getrennt beenden (▸ 18). Über den restlichen je 30 Schultermaschen nach 63 cm = 63 Reihen ab Anschlag die Arbeit beenden (▸ 8).
Linkes Vorderteil: 43 Luftmaschen + 3 Wendeluftmaschen anschlagen (▸ 8) und im Wellenmuster arbeiten. Für den Halsausschnitt nach 53 cm = 53 Reihen ab Anschlag am linken Arbeitsrand 12 Maschen unbehäkelt lassen, d. h. mit Kettmaschen übergehen und zuvor in der 53. Reihe über diesen Maschen die 5. Häkelschrift-Reihe arbeiten. Über den restlichen 30 Schultermaschen die Arbeit in Rückenteilhöhe beenden (▸ 8).
Rechtes Vorderteil: Gegengleich arbeiten, das heißt genauso wie das linke Vorderteil nur für den Halsausschnitt am rechten Arbeitsrand 12 Maschen unbehäkelt lassen.
Ärmel: 35 Luftmaschen + 3 Wendeluftmaschen anschlagen (▸ 8) und im Wellenmuster arbeiten. Gleichzeitig für die Ärmelschrägung ab Anschlag beidseitig 8 x in jeder Reihe und 16 x in jeder 2. Reihe je 1 Masche mustergemäß zunehmen = 83 Maschen (▸ 40). Nach 41 cm = 41 Reihen ab Anschlag die Arbeit beenden (▸ 8).
Fertigstellung: Für die Verschlussblenden die Vorderteilkanten mit 1 Reihe fester Maschen (▸ 8) und 3 Reihen Lochmuster (= * 1 feste Masche, 1 Luftmasche, 1 Masche übergehen, ab * stets wiederholen) behäkeln. Dabei in die 2. Lochmusterreihe der rechten Blende gleichmäßig verteilt 10 Knopflöcher einarbeiten.

Grundkurs

Knopflöcher

1. Für ein Knopfloch jeweils 3 Maschen der Vorreihe mit 3 Luftmaschen übergehen. Je nach Knopfgröße können es auch nur 1 oder 2 Maschen sein. Dann das Muster fortsetzen.
2. In der folgenden Reihe diese Luftmaschen mustergemäß behäkeln.

Das erste und letzte Knopfloch ca. 1 cm von der oberen und unteren Kante entfernt arbeiten, zwischen den übrigen acht ca. 3 bis 3,5 cm Abstand halten, am besten die Platzierung vorher mit Stecknadeln markieren.

Fortsetzung Seite 46

Projekt 15

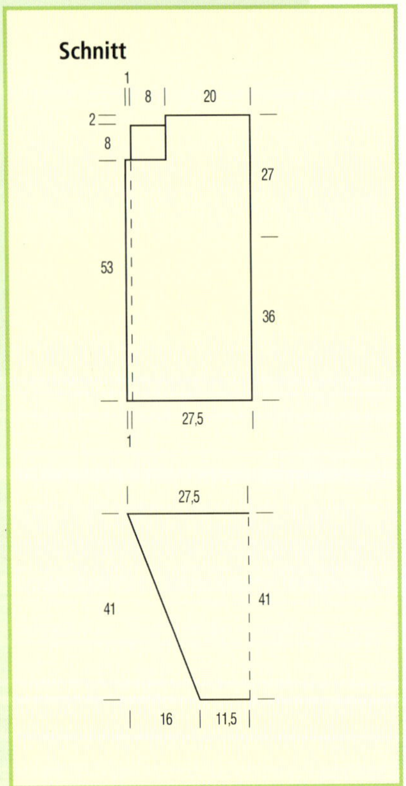

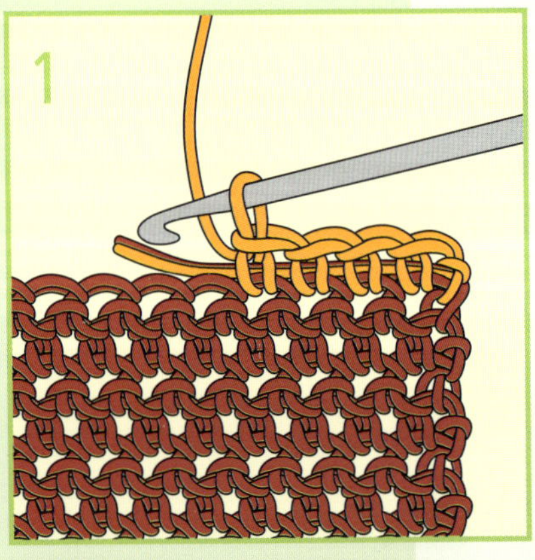

Fortsetzung von Seite 44

Schulternähte mit Stoßnaht schließen (▸ 59). Für die Halsblende den Halsausschnittrand inklusive Blendenschmalseiten mit 2 Reihen fester Maschen (▸ 8) behäkeln. Alle Kanten mit 1 Runde Krebsmaschen (▸ 60) umhäkeln, dabei an den Ecken jeweils 3 Maschen in 1 Einstichstelle arbeiten (▸ 20).
Ärmel einsetzen.

Grundkurs

Gerade Ärmel einsetzen

Bei geraden Ärmeln zunächst den offenen Ärmel an Vorder- und Rückenteil nähen und dann Ärmel- und Seitennaht an einem Stück schließen.
1. Zuerst die Ärmelmitte markieren. Die Teile werden mit der rechten Seite nach außen zusammengenäht. Den Ärmel mit Stecknadeln an Vorder- und Rückenteilkante fixieren, die Ärmelmitte trifft auf die Schulternaht. Die Naht schließen (▸ 59).

Seiten- und Ärmelnähte an einem Stück schließen und Knöpfe annähen.

Grundkurs

Faden ansetzen

Was tun, wenn das Knäuel zu Ende geht, bevor das Häkelteil fertig ist?
1. Am einfachsten ist der Knäuelwechsel am Ende einer Reihe oder Runde. Die letzte Masche bereits mit dem neuen Faden abmaschen. Den alten Faden sowie das lose Ende des neuen Fadens auf etwa 5 cm zurückschneiden. Wenden und nach der erforderlichen Anzahl Wendeluftmaschen die folgenden 4 bis 5 Maschen um die Fadenenden herum häkeln.
Haben Sie sich verschätzt und der Faden reicht doch nicht mehr ganz bis zum Reihenende? Da hilft entweder Aufziehen und ein erneuter Reihen- bzw. Rundenbeginn mit dem neuen Knäuel oder ein Fadenwechsel wie beim Farbwechsel beschrieben (▸ 28).

Wellenmusterjacke in bunten Farben

Klares Grün, leuchtendes Rot, Sonnengelb, Blau, Orange und Marineblau als Kontrast – dieses Garn ist so richtig unbekümmert kunterbunt. Da wird die gute Laune quasi im Knäuel mitgeliefert!

Größe:
38–42

Material:
- „Big Print Young Fashion" von Schoeller + Stahl (100 % Schurwolle, Lauflänge 85 m/50 g): ca. 800 g Kilt 7927
- Häkelnadel Nr. 4,5
- 10 Holzknöpfe in Orange

So wird es gemacht:
Die Jacke genau wie die Wellenmusterjacke in Laubfarben arbeiten.

Tipp:

Hier kommt der Farbeffekt aus dem Knäuel! Das Garn ist so eingefärbt, dass das abwechslungsreiche Farbenspiel ganz von allein entsteht, ohne lästigen Fadenwechsel beim Stricken. Das aktuelle Angebot an Garnen bietet vielfältige Farbeffekte:
Bei den Moulinés ist das Garn aus Fäden in unterschiedlichen Nuancen oder Farbtönen zusammengedreht.
Melierte Garne sind aus mehreren gleichartigen Fäden verzwirnt, die jeweils im gleichen Farbton aber unregelmäßig – mal etwas heller, mal etwas dunkler – eingefärbt sind.
Bei Colorgarnen wechselt die Farbe des Fadens. Je nachdem in welchem Rhythmus unterschiedliche Farben aufgedruckt oder eingefärbt sind, entstehen beim Stricken Farbverläufe, Streifen, schmale Ringel und sogar Flächen.

Projekt 16

Spitzen-Ideen

1

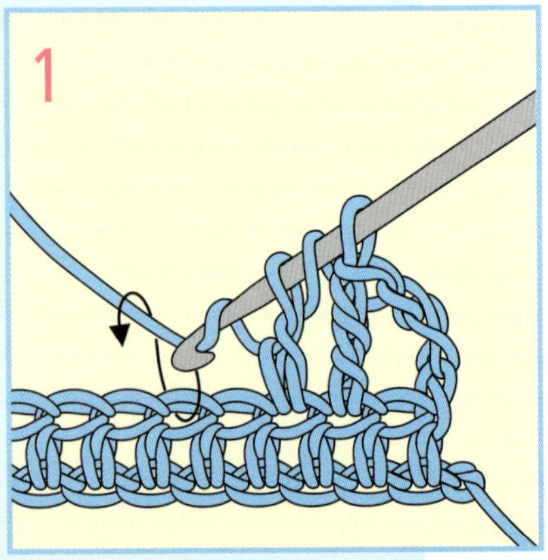

2

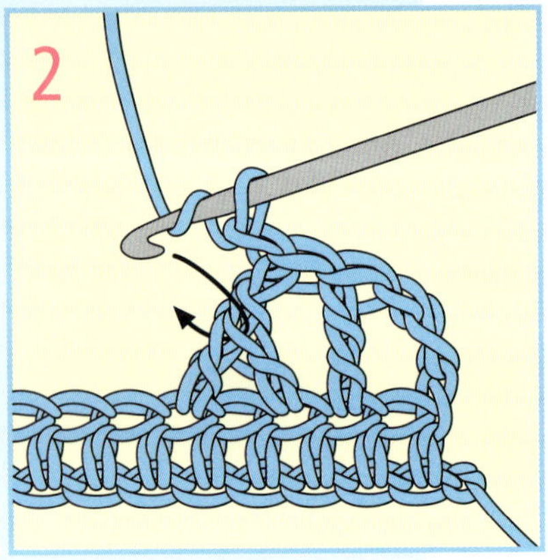

Häkelschrift

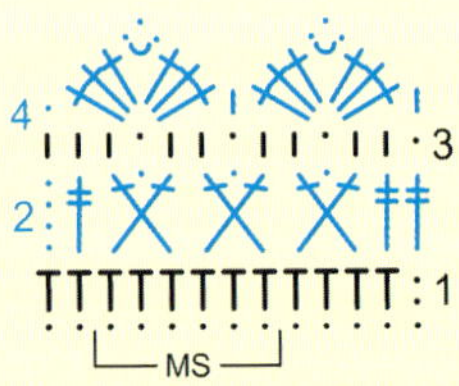

Zeichenerklärung

- · = Luftmasche (▸ 6)
- ⌒ = Kettmasche (▸ 10)
- I = feste Masche (▸ 8)
- T = halbes Stäbchen (▸ 24)
- † = Stäbchen (▸ 16)
- ǂ = Doppelstäbchen (▸ 22)
- = Kreuzstäbchen mit 1 Luftmasche (▸ 48)
- = 3 Stäbchen in 1 Einstichstelle, 3 Luftmaschen, 1 Kettmasche in die 1. Luftmasche, 3 Stäbchen in dieselbe Einstichstelle

Ob wie hier aus weichem Wollgarn für die Kuscheldecke oder aus Baumwolle am schlichten Handtuch oder aus ganz dünnem Garn an einer Tunika – Häkelborten machen aus Allerweltstextilien individuelle Stücke!

Häkelborten in zwei Farbvarianten

Größe der Borte:
5,5 x 110 cm

Material:
- „Wollzauber" von Junghans-Wollversand (80 % Schurwolle superwash, 20 % Polyamid, Lauflänge 95 m/50 g): für ca. 110 cm Borte ca. 40 g Jeans 222-489-44 oder Natur 222-505-44
- Nähgarn in passender Farbe
- Häkelnadel Nr. 5
- Fleece- oder Patchworkdecke ca. 110 x 170 cm

Häkelborte: Laut Häkelschrift arbeiten (▸ 18). Zunächst die Maschen vor dem Mustersatz häkeln, dann den Mustersatz stets wiederholen, mit den Maschen nach dem Mustersatz enden. Die Maschenzahl des Luftmaschenanschlags richtet sich nach der gewünschten Bortenbreite, damit das Muster aufgeht, muss die Maschenzahl durch 6 teilbar sein + 1 Luftmasche + 2 Wendeluftmaschen. Jede Reihe mit der gezeichneten Anzahl von Wendeluftmaschen beginnen.

Maschenprobe: 1 Mustersatz (= 6 Maschen) und 4 Reihen = ca. 4,5 x 5,5 cm

So wird es gemacht:

Es werden Luftmaschen (▸ 6), Kettmaschen (▸ 11), feste Maschen (▸ 8), halbe Stäbchen (▸ 24), Stäbchen (▸ 16), Doppelstäbchen (▸ 22) und Kreuzstäbchen gehäkelt.

Grundkurs

Kreuzstäbchen
Kreuzstäbchen bestehen im Prinzip aus 4 einfachen Stäbchen, die „über Kreuz" neben- und übereinander angeordnet werden.

1. 2 Umschläge bilden, in die folgende Masche der Vorreihe einstechen, den Faden um die Nadel legen und den Umschlag durchziehen. Den Faden wieder um die Nadel legen und diesen Umschlag durch zwei der vier auf der Nadel befindlichen Schlingen ziehen. Das erste Stäbchen ist fertig. Wieder einen Umschlag bilden, 1 Masche auslassen und in die folgende Masche einstechen, den Faden um die Nadel legen und diesen Umschlag durchziehen. Nun 4 mal: den Faden um die Nadel legen und jeweils durch zwei Schlingen ziehen. Das 2. und 3. Stäbchen ist fertig.
2. 1 Luftmasche häkeln. Einen Umschlag bilden und in den Kreuzungspunkt der ersten drei Stäbchen einstechen. Den Faden um die Nadel legen und diesen Umschlag durchziehen. Nun 2-mal: den Faden um die Nadel legen und jeweils durch zwei Schlingen ziehen. Das 4. Stäbchen, und somit das Kreuzstäbchen, ist fertig.

Die Borte laut Häkelschrift arbeiten. Für die Fleecedecke wurden 110 cm benötigt. Dafür 151 Luftmaschen plus 2 Wendeluftmaschen als Ersatz für die 1. feste Masche anschlagen (▸ 6). Nach der 4. Reihe die Arbeit beenden (▸ 8).

Fertigstellung: Borte mit der Nähmaschine oder per Hand mit Steppstich (▸ 42) an die Decke nähen. Fleecedecken mit gerundeten Ecken vorab begradigen. Das Fleece lässt sich leicht schneiden und franst nicht aus. Die 1. Reihe der Borte auf die Decke heften und mit farblich passender Nähseide 2-mal mit ca. 0,5 cm Abstand zwischen den Stepplinien, absteppen.

Projekt 17

Winterwarme Kombi

Weiche Schurwolle, strukturstarke Reliefmaschen, Ringel und lustige Pompons – das stimmt Väterchen Frost milde!

Mütze und Schal mit Reliefmuster

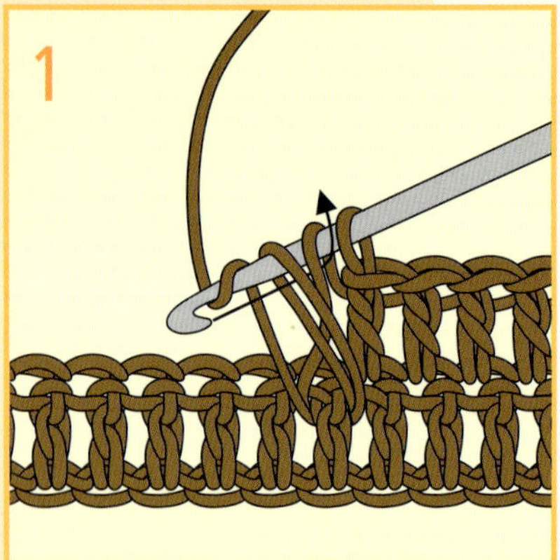

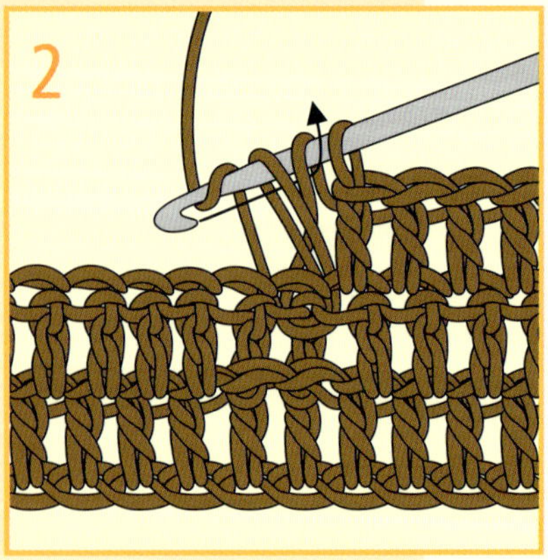

Größe:
Kopfumfang ca. 52–58 cm
Schal 240 x 19 cm

Material:
- „Extra Merino" von Schachenmayr (100 % Schurwolle, Lauflänge 130 m/50 g): ca. 250 g in Schoko 10, je ca. 50 g Rubin 31, Kürbis 26 und Moos 72
- Häkelnadel Nr. 4,5

Reliefmuster: Maschenzahl teilbar durch 8 + 6. Mit 3 Luftmaschen als Ersatz für das erste Stäbchen beginnen, 5 Stäbchen, * 2 Reliefstäbchen, 6 Stäbchen, ab * stets wiederholen.
Streifenfolge Schal: * 2 Runden Schoko, 1 Runde Kürbis, 2 Runden Schoko, 1 Runde Moos, 2 Runden Schoko, 1 Runde Rubin, ab * stets wdh.

Streifenfolge Mütze: 1 x die Streifenfolge des Schals und dann noch 2 Runden Schoko, 1 Runde Moos, 2 Runden Schoko, 1 Runde Kürbis, 3 Runden Schoko.

Maschenprobe (▸ 58): 16 Maschen und 10 Reihen = 10 x 10 cm

So wird es gemacht:
Es werden Luftmaschen (▸ 6), Stäbchen (▸ 16) und Reliefstäbchen gehäkelt.

Grundkurs

Reliefstäbchen
Reliefstäbchen sind Stäbchen, die um die Masche der Vorrunde herum eingestochen werden. Die erste Reihe/Runde nach dem Anschlag wird mit einfachen Stäbchen gearbeitet.
1. Reliefstäbchen von vorne
Einen Umschlag bilden, von vorn nach hinten greifend um das Stäbchen der Vorreihe stechen. Den Faden um die Nadel legen und diesen Umschlag durchziehen. Dann wie bei einem normalen Stäbchen je 2 x den Faden um die Nadel legen und den Umschlag jeweils durch 2 auf der Nadel liegende Schlingen ziehen, d. h. diese abmaschen.
2. Reliefstäbchen von hinten
Einen Umschlag bilden, von hinten nach vorn greifend um das Stäbchen der Vorreihe stechen. Den Faden um die Nadel legen und den Umschlag durchziehen. Dann wie bei einem normalen Stäbchen noch je 2 x den Faden um die Nadel legen und den Umschlag jeweils durch 2 auf der Nadel liegende Schlingen ziehen, d. h. diese abmaschen.

Schal: 30 Luftmaschen plus 3 Wendeluftmaschen als Ersatz für das 1. Stäbchen anschlagen und im Reliefmuster häkeln. Dabei in der Streifenfolge arbeiten und bei jedem Farbwechsel (▸ 28) das letzte Stäbchen der Vorreihe bereits in der neuen Farbe abmaschen.
Nach 240 cm oder der gewünschten Länge mit 1 Reihe Kürbis und 2 Reihen Schoko enden (▸ 8)
Je 4 Pompons in Rubin, Kürbis und Moos sowie 2 Pompons in Schoko mit einem Pappkreis von 4,5 cm Ø und einem mittigen Loch von etwa 2 cm Ø anfertigen (▸ 61), dabei den Abbindefaden extra lang lassen und daraus Luftmaschenketten (▸ 6) in folgenden Längen häkeln: Pompons in Schoko 20 Luftmaschen, Pompons in Kürbis 16 Luftmaschen, Pompons in Moos 12 Luftmaschen, Pompons in Rubin 8 Luftmaschen. Je 7 Pompons mit diesen Luftmaschenketten an die Schalenden knoten.

Häkelschrift

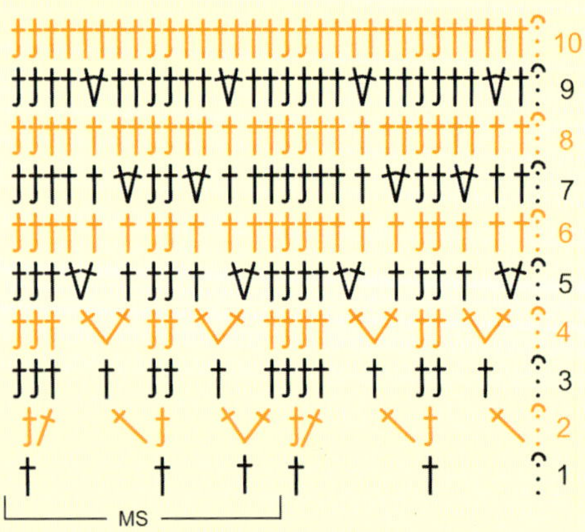

Zeichenerklärung
· = Luftmasche (▸ 6)
† = Stäbchen (▸ 16)
† = Reliefstäbchen von vorne (▸ 50)

Mütze: Die Mütze in Runden laut Häkelschrift häkeln. In Schoko 5 Luftmaschen anschlagen (▸ 6) und mit 1 Kettmasche zur Ring schließen (▸ 32). Nun in Runden laut Häkelschrift weiterarbeiten. Dabei die Stäbchen der 1. Runde um die Luftmaschen des Rings häkeln. Mit den Maschen vor dem Mustersatz (= MS) beginnen, dann den Mustersatz 5 x arbeiten. Jede Runde beginnt mit 3 Luftmaschen als Ersatz für das 1. Stäbchen und endet mit 1 Kettmasche in die oberste Luftmasche. Die 1. Runde in Schoko häkeln, dann laut Streifenfolge weiterarbeiten. Beim Farbwechsel die Kettmasche am Ende einer Runde bereits in der neuen Farbe häkeln. Nach der 10. Häkelschriftrunde diese Runde noch 9 x wdh, dabei die Streifenfolge fortsetzen. Danach die Arbeit beenden (▸ 8).

Projekt 18

Erst häkeln, dann weben! Das supersofte Garn wird zu Luftmaschenketten verarbeitet und dann in ein Stäbchengitter eingezogen. Sieht toll aus und fühlt sich auch so an!

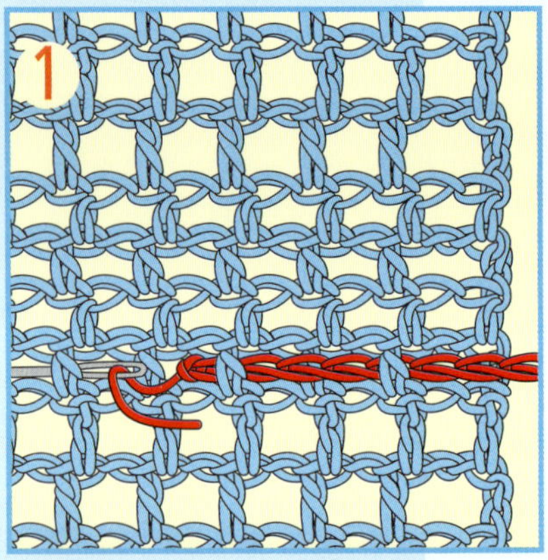

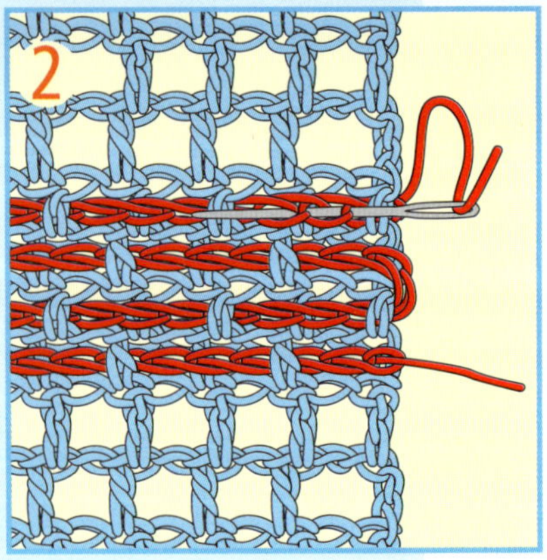

Kuschelflausch

Fäustlinge und Schal

Größe:
Schal: 230 x 15 cm
Handschuhe: ca. 7–8

Material:
- „Extra Merino" von Schachenmayr (100 % Schurwolle, Lauflänge 130 m/50 g): für den Schal ca. 200 g, für die Handschuhe ca. 100 g Wollweiß 02 sowie „Cassiopeia" von Schachenmayr (100 % Polyamid, Lauflänge = 70 m/50 g) für den Schal ca. 100 g, für die Handschuhe ca. 50 g oder einen Rest Natur 02
- Häkelnadel Nr. 4,5 und 3
- Wollnadel mit großem Öhr

Maschenprobe (▸ 58) im Gittermuster mit Nadel Nr 4: 22 Maschen und 10 Reihen = 10 x 10 cm
Maschenprobe halbe Stäbchen mit Nadel Nr 3: 18 Maschen und 14 Reihen = 10 x 10 cm

Gittermuster: Luftmaschenanschlag (▸ 6) teilbar durch 2 + 1 + 4 Wendeluftmaschen als Ersatz für das 1. Stäbchen.
1. Reihe: 1 Stäbchen (▸ 16) in die 7. Masche von der Nadel aus, * mit 1 Luftmasche 1 Masche des Anschlags übergehen, 1 Stäbchen in die nächste Masche, ab * stets wiederholen; **2. Reihe:** 3 Luftmaschen als Ersatz für das 1. Stäbchen, * 1 Luftmasche, 1 Stäbchen auf das Stäbchen der Vorreihe, ab * stets wiederholen; **3.+4. Reihe:** wie die 2. Reihe arbeiten; **5. Reihe:** 2 Luftmaschen als Ersatz für das 1. halbe Stäbchen (▸ 24), * 1 Luftmasche, 1 halbes Stäbchen auf das Stäbchen der Vorreihe, ab * stets wiederholen; **6.–8. Reihe:** wie die 5. Reihe arbeiten, dabei die halben Stäbchen auf die halben Stäbchen der Vorreihe häkeln; **9. Reihe:** wie die 2. Reihe arbeiten.
Die 1.–9. Reihe 1 x arbeiten, dann die 2.–9. Reihe fortlaufend wiederholen.

So wird es gemacht:

Schal: 33 Luftmaschen + 4 Wendeluftmaschen in „Extra Merino" mit Nadel Nr. 4,5 anschlagen (▸ 6) und im Gittermuster häkeln. Nach 228 Reihen = ca. 230 cm nach einer 4. Reihe die Arbeit beenden (▸ 8).
Für jeweils 4 Reihen aus halben Stäbchen eine ca. 60 cm lange Luftmaschenkette (▸ 6) aus „Cassiopeia" anfertigen und im waagerechten Webstich in die Halbe-Stäbchen-Reihen einziehen.

Grundkurs

Waagerechter Webstich
1. Anfangsfaden der Luftmaschenkette in die Wollnadel einfädeln. Die Luftmaschenkette durch eine Reihe halbe Stäbchen abwechselnd über- und unter den halben Stäbchen durchziehen.
2. Anfangs- und Endfaden der Luftmaschenkette sichern.

Handschuhe: 48 Luftmaschen mit Nadel Nr. 3 in „Extra Merino" anschlagen (▸ 6), mit einer Kettmasche (▸ 10) zur Runde schließen (▸ 32). In Runden (▸ 26) halbe Stäbchen (▸ 24) häkeln, jede Runde beginnt mit 2 Wendeluftmaschen als Ersatz für das 1. halbe Stäbchen und endet mit 1 Kettmasche in die zweite Wendeluftmasche.
1.–4. Runde ohne Abnahmen; **5. Runde:** jedes 11. und 12. halbe Stäbchen (nachfolgend Masche genannt) zusammen abmaschen (▸ 24) = 44 Maschen; **6., 8. und 10. Runde** ohne Abnahmen; **7. Runde:** jede 10. + 11. Masche zusammen abmaschen = 40 Maschen; **9. Runde:** Jede 9. und 10. Masche zusammen abmaschen = 36 Maschen; **11. Runde:** Jede 8. und 9. Masche zusammen abmaschen = 32 Maschen; **12. bis 16. Runde** ohne Abnahmen. **17., 19. und 21. Runde:** Für den Daumenkeil jeweils die 1. und letzte Masche der Runde verdoppeln, d. h. jeweils 2 Maschen in eine Einstichstelle arbeiten (▸ 20) = 38 Maschen nach der 21. Runde. **18., 20. und 22. Runde** ohne Zunahmen. **23. Runde:** Für das Daumenloch die ersten 3 Maschen mit Kettmaschen übergehen, 2 Luftmaschen als Ersatz für das 1. halbe

Stäbchen, 31 halbe Stäbchen häkeln, 3 Maschen der Vorreihe sowie die mit Kettmaschen übergangenen Maschen mit 6 Luftmaschen übergehen, mit 1 Kettmasche in die obere Ersatzluftmasche die Runde schließen. Die Runden beginnen nun an dieser Stelle.

24. und 25. Runde ohne Abnahmen, dabei über die Luftmaschen der Vorrunde halbe Stäbchen häkeln. **26. Runde:** Die Abnahme der Keilmaschen beginnen, dafür die 33.+34., 35.+36. und 37.+38. Masche zusammen abmaschen = 35 Maschen. **27. Runde:** Die 33.+34. Masche zusammen abmaschen = 34 Maschen. **28. bis 37. Runde** ohne Abnahmen; **38. Runde:** jede 16.+17. Masche zusammen abmaschen = 32 Maschen; **39. und 40. Runde:** jede 3. und 4. Masche zusammen abmaschen = 16 Maschen nach der 40. Runde; **41. Runde:** jede 2.+3. Masche zusammen abmaschen = 11 Maschen; **42. Runde:** immer 2 Maschen zusammen abmaschen = 6 Maschen. Die Arbeit beenden (▸ 8), dann den Faden durch die obere Maschenreihe fädeln und diese damit zusammenziehen. Faden vernähen (▸ 58).

Für den **Daumen** den Faden am Daumenloch anschlingen (▸ 56) und insgesamt 14 halbe Stäbchen häkeln: 3 auf die unbehäkelten Maschen der 23. Runde, 3 auf die mit Kettmaschen übergangenen Maschen, 1 seitlich in das 1. halbe Stäbchen der 23. Runde, 6 in die Luftmaschenkette und das letzte seitlich in das letzte halbe Stäbchen der 23. Runde. Mit einer Kettmasche zur Runde schließen. **2. bis 5. Runde** ohne Abnahmen; **6. Runde:** jedes 6.+7. halbe Stäbchen zusammen abmaschen = 12 Maschen; **7. und 8. Runde** ohne Abnahmen; **9. Runde:** immer 2 Maschen zusammen abmaschen = 6 Maschen. Die Arbeit beenden (▸ 8), dann den Faden durch die obere Maschenreihe fädeln und diese zusammenziehen. Faden vernähen (▸ 58).

Den zweiten Handschuh genauso häkeln.

Zwei ca. 290 cm lange Luftmaschenketten mit „Cassiopeia" häkeln (▸ 6) und im waagerechten Webstich (▸ 52) in die ersten zehn Reihen jedes Handschuhs locker einziehen. Dabei den Handschuh immer wieder anprobieren, um sicherzustellen, dass der Eingriff nicht zu schmal und unelastisch wird.

Tändeltäschchen

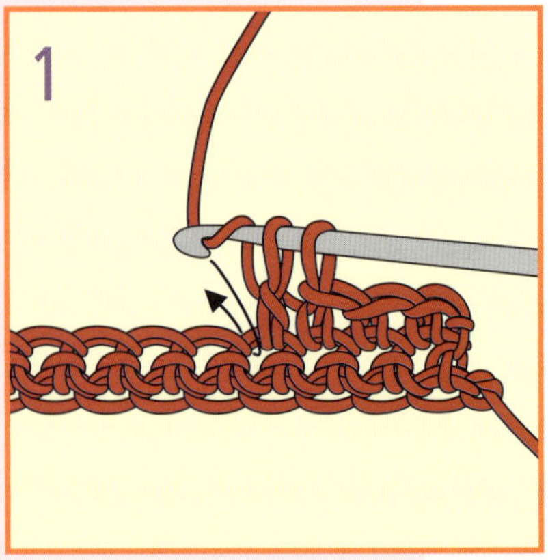

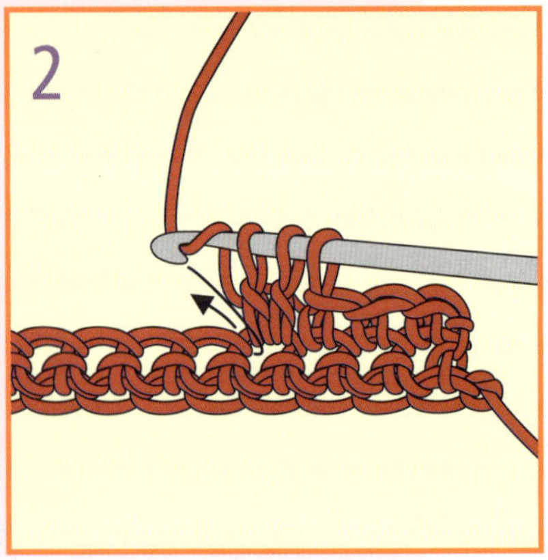

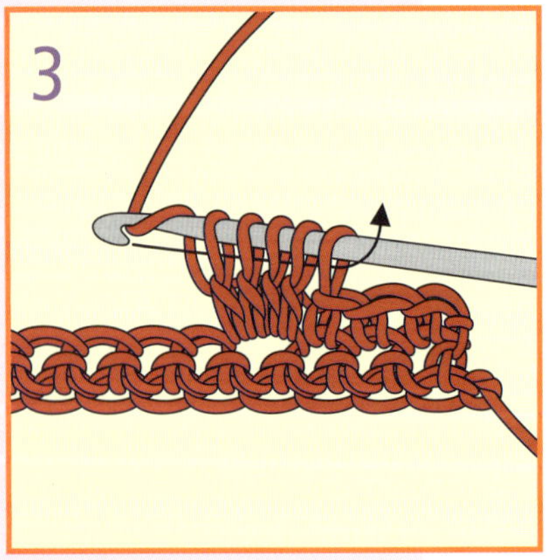

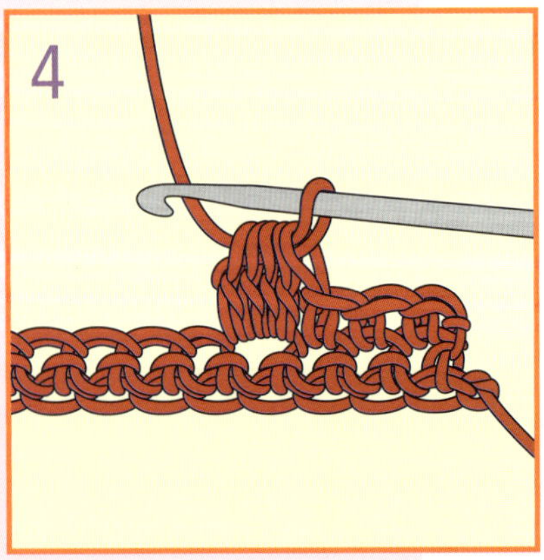

Die feine Abendtasche mit Bügel und Kette ist genau die richtige Begleiterin für kleine und große Feste. Das effektvolle Bändchengarn wird dreifach verarbeitet, dadurch wirkt das Noppenmuster schön plastisch.

Häkeltasche mit Bügelverschluss

Größe:
ca. 28 x 20 cm

Material:
- „Lido" von Lang (100 % Polyamid, Lauflänge 130 m/50 g): ca. 300 g Beerentöne mit Schwarz 64
- Häkelnadel Nr. 4
- starkes Nähgarn in Schwarz
- Kette und Taschenverschluss in Silber

Maschenprobe (▸ 58): 16 Maschen und 18 Reihen = 10 x 10 cm

So wird es gemacht:

Die Tasche wird stets mit dreifachem Faden gearbeitet.
Für ein Taschenteil: 27 Luftmaschen plus 1 Wendeluftmasche als Ersatz für die 1. feste Masche anschlagen (▸ 6). Im Wechsel 1 Reihe feste Maschen (▸ 8) und 1 Reihe feste Maschen mit Noppen häkeln, dabei die 1. feste Masche einer Reihe stets durch 1 Luftmasche ersetzen und die letzte feste Masche auf diese Ersatzluftmasche häkeln.

Grundkurs

Noppen

1. Ein einfaches Stäbchen häkeln, aber nur bis zu dem Punkt, an dem noch zwei Schlingen auf der Nadel liegen. Diese beiden Schlingen jetzt nicht wie gewohnt abmaschen, sondern …
2. … ein weiteres nicht vollständig abgemaschtes Stäbchen in dieselbe Einstichstelle häkeln.
3. Noch zweimal wiederholen, so dass jetzt 5 Schlingen auf der Nadel liegen und 4 nicht vollständig abgemaschte Stäbchen in eine Einstichstelle gearbeitet wurden. Einen Umschlag auf die Nadel legen und durch alle 5 Schlingen auf der Nadel ziehen, d. h. alle 4 Stäbchen zusammen abmaschen.
4. Die Noppe ist fertig. Bei einigen Noppenmustern wird zusätzlich vor der nächsten Masche eine Luftmasche gearbeitet. Das ist hier nicht notwendig.

1. Reihe: 27 feste Maschen (die Wendeluftmasche zählt dabei als 1. feste Masche). **2. Reihe:** 3 feste Maschen, 1 Noppe, * 4 feste Maschen, 1 Noppe, ab * noch 3 x häkeln, enden mit 3 festen Maschen. **3. und 5. Reihe:** wie die 1. Reihe. **4. und 6. Reihe:** wie die 2. Reihe. **7. Reihe:** 3 feste Maschen, 1 feste Maschen über die Noppe der Vorreihe, * 2 feste Maschen, 1 Masche verdoppeln, d. h. 2 feste Maschen in dieselbe Einstichstelle arbeiten (▸ 20), 1 feste Masche, 1 feste Masche über die Noppe der Vorreihe, ab * noch 3 x häkeln, enden mit 3 festen Maschen. **8. Reihe:** 3 feste Maschen, 1 Noppe, * 5 feste Maschen, 1 Noppe, ab * noch 3 x häkeln, enden mit 3 festen Maschen = 31 Maschen. **9., 11. und 13. Reihe:** feste Maschen. **10., 12. und 14. Reihe:** wie die 8. Reihe. **15. Reihe:** 1 feste Masche, 1 Masche verdoppeln, 1 feste Masche, 1 feste Masche über die Noppe der Vorreihe,* 2 feste Masche, 1 Masche verdoppeln, 2 feste Maschen, 1 feste Masche über die Noppe der Vorreihe, ab * noch 3 x häkeln, enden mit 1 festen Masche, 1 Masche verdoppeln, 1 feste Masche = 37 Maschen. **16. Reihe:** 4 feste Maschen, 1 Noppe, * 6 feste Maschen, 1 Noppe, ab * noch 3 x wiederholen, enden mit 4 festen Maschen. **17. Reihe:** 4 feste Maschen, 1 feste Masche über die Noppe der Vorreihe,* 3 feste Maschen, 1 Masche verdoppeln, 2 feste Maschen, 1 feste Masche über die Noppe der Vorreihe, ab * noch 3 x häkeln, enden mit 4 festen Maschen = 41 Maschen. **18., 20.**

und 22. Reihe: 4 feste Maschen, 1 Noppe, * 7 feste Maschen, 1 Noppe, ab * noch 3 x häkeln, enden mit 4 festen Maschen. **19. und 21. Reihe:** feste Maschen. **23. Reihe:** 4 feste Maschen, 1 feste Masche über die Noppe der Vorreihe,* 3 feste Maschen, 1 Masche verdoppeln, 3 feste Maschen, 1 feste Masche über die Noppe der Vorreihe, ab * noch 3 x häkeln, enden mit 4 festen Maschen = 45 Maschen. **24. Reihe:** 4 feste Maschen, 1 Noppe, * 8 feste Maschen, 1 Noppe, ab * noch 3 x wiederholen, enden mit 4 festen Maschen. **25. Reihe:** Beidseitig je 1 Masche abnehmen (▸ 12), feste Maschen häkeln = 43 Maschen. **26. Reihe:** 3 feste Maschen, 1 Noppe,* 8 feste Maschen, 1 Noppe, ab * noch 3 x wiederholen, enden mit 3 festen Maschen. **27. Reihe:** Beidseitig je 1 Masche abnehmen, feste Maschen häkeln = 41 Maschen. **28. Reihe:** 2 feste Maschen, 1 Noppe, * 8 feste Maschen, 1 Noppe, ab * noch 3 x wiederholen, enden mit 2 festen Maschen. **29. Reihe:** Beidseitig je 1 Masche abnehmen, feste Maschen häkeln = 39 Maschen. **30. Reihe:** 1 feste Masche, 1 Noppe, * 8 feste Maschen, 1 Noppe, ab * noch 3 x wiederholen, enden mit 1 festen Masche. **31. Reihe:** Beidseitig je 2 Maschen abnehmen, feste Maschen häkeln = 35 Maschen. **32. Reihe:** Beidseitig je 1 Masche abnehmen, 7 Maschen, 1 Noppe * 8 feste Maschen, 1 Noppe, ab * noch 1 x wiederholen, 7 feste Maschen = 33 Maschen. **33. Reihe**: Beidseitig je 2 Maschen abnehmen, feste Maschen häkeln = 29 Maschen. **34. Reihe:** Beidseitig je 2 Maschen abnehmen, 3 feste Maschen, 1 Noppe, * 8 feste Maschen, 1 Noppe, ab * noch 1 x wiederholen, 3 feste Maschen = 25 Maschen. **35. Reihe**: Beidseitig je 2 Maschen abnehmen, feste Maschen häkeln = 21 Maschen. Die Arbeit beenden (▸ 8).

Das zweite Taschenteil genauso häkeln.

Fertigstellung: Je ein Taschenteil entlang der Anschlagränder und der ersten 6 cm der seitlichen Kanten an einen Taschenbügel nähen, dann die Taschenteile unterhalb des Taschenbügels zusammennähen (▸ 59). Kette einhängen.

Festliches Finale

1

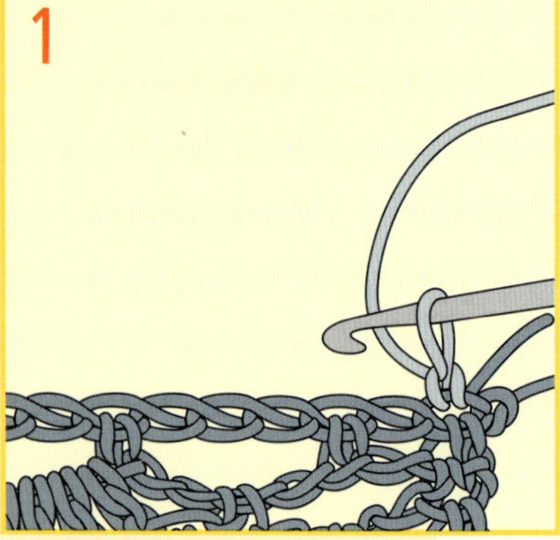

Schnitt

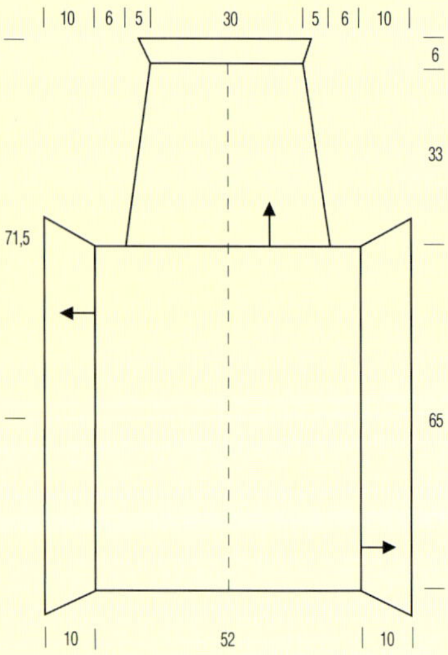

Zeichenerklärung

- · = Luftmasche (▸ 6)
- ⌒ = Kettmasche (▸ 10)
- ı = feste Masche (▸ 8)
- † = Stäbchen (▸ 16)
- = 4 Stäbchen zusammen abmaschen (▸ 24)
- = 4 Stäbchen in eine Einstichstelle (▸ 20)

So ein zauberhaftes Bolerojäckchen können Sie jetzt selber häkeln! Der Schnitt ist raffiniert, weil er so einfach ist: Ein Rechteck mit Ärmeln – das ist das ganze Geheimnis!

Schwarzes Bolerojäckchen

Größe:
36–42

Material:
- „Merino Superwash" von Junghans-Wollversand (100 % Schurwolle Superwash, Lauflänge 160 m/50 g): ca. 450 g Schwarz 238-683-44
- Häkelnadeln Nr. 3, 3,5 und 4

Häkelmuster 1 und 2: Nach der Häkelschrift arbeiten (▸ 18). Mit den Maschen vor dem Mustersatz (MS) beginnen, den Mustersatz stets wiederholen und mit den Maschen nach dem Mustersatz enden. Bei Muster 1 die 1.–8. Reihe 1 x arbeiten, dann die 5.–8. Reihe stets wiederholen. Bei Muster 2 die 1.–11. Reihe 1 x arbeiten.

Maschenprobe (▸ 58) Muster 1 mit Nadel Nr. 4: ein Mustersatz über 17 Anschlagsmaschen und 8 Reihen = 8 x 9 cm

So wird es gemacht:

Es werden Luftmaschen (▸ 6), feste Maschen (▸ 8), und Stäbchen (▸ 16) gearbeitet. Laufen mehrere Stäbchen unten zusammen, werden diese in dieselbe Einstichstelle gearbeitet. Laufen mehrere Stäbchen oben zusammen, werden sie zusammen abgemascht (▸ 38). Die Maschen über einem Luftmaschenbogen der Vorreihe werden nicht in die Luftmaschen, sondern jeweils unterhalb des Bogens eingestochen.

Vorder- und Rückenteil: Vorder- und Rückenteil werden in einem Stück gehäkelt. Die Pfeile im Schnitt geben die Häkelrichtung an. 137 Luftmaschen plus die ersten 2 Luftmaschen der 1. Reihe mit Nadel Nr. 4 anschlagen (▸ 6). Im Muster 1 wie beim Häkelmuster beschrieben arbeiten. Nach 56 Reihen = 62 cm im Muster 2 weiterarbeiten. Nach der 11. Reihe des Musters 2 die Arbeit beenden (▸ 8). Nun am Anschlagsrand den Faden anschlingen.

Häkelschrift

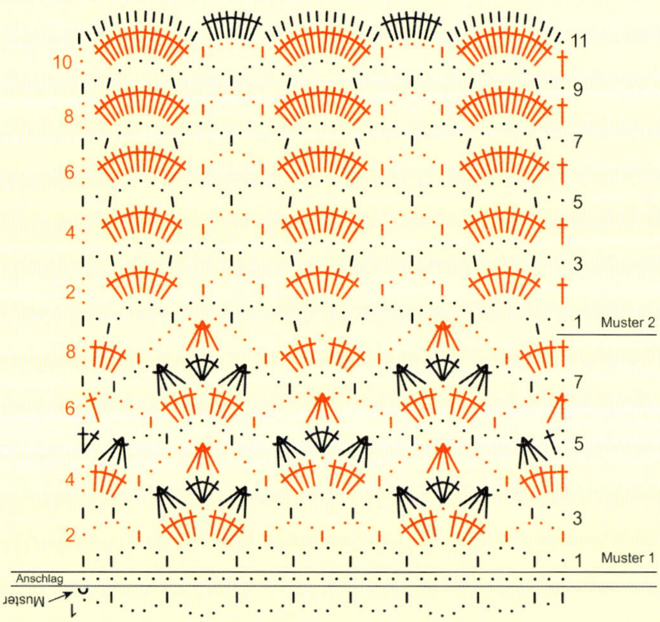

Grundkurs

Faden anschlingen

1. Der Faden liegt hinter der Arbeit. An der gewünschten Stelle die Nadel einstechen, den Faden um die Nadel legen und diesen Umschlag durchziehen. Den Faden abermals um die Nadel legen und durch die Schlinge ziehen.

Über den Anschlagsrand nun Muster 2 arbeiten. Die 1. Reihe des Musters ist in der Häkelschrift angegeben. Die 1. – 11. Reihe einmal häkeln, dann die Arbeit beenden (▸ 8).

Ärmel: Die Ärmel werden von oben nach unten ohne seitliche Abnahmen gearbeitet. Die Ärmelschrägung ergibt sich durch den Wechsel der Nadelstärken. 86 Luftmaschen plus 1 Wendeluftmasche mit Nadel Nr. 4 anschlagen (▸ 6). Im Häkelmuster 1 laut Musterbeschreibung arbeiten. Die ersten 8 Reihen mit Nadel Nr. 4, dann 12 Reihen mit Nadel Nr. 3,5 und 12 Reihen mit Nadel Nr. 3 häkeln = 32 Reihen bzw. ca. 33 cm. Dann noch 7 Reihen = 6 cm Muster 2 arbeiten. Dafür mit der 1. Reihe beginnen, dann aber die 6.–11. Reihe laut Häkelschrift häkeln. Die Arbeit beenden (▸ 8).

Den zweiten Ärmel genauso arbeiten.

Fertigstellung: Gerade Ärmel einsetzen (▸ 46). Dabei trifft die Mitte der Ärmel auf die Mitte von Vorder- und Rückenteil. Das ganze Teil in der Mitte falten (siehe gestrichelte Bruchlinie im Schnitt) und die Seiten- und Ärmelnähte schließen (▸ 59). Dann einfach in die Ärmel schlüpfen und anziehen, dabei den „Kragen" großzügig umschlagen.

Das richtige Maß

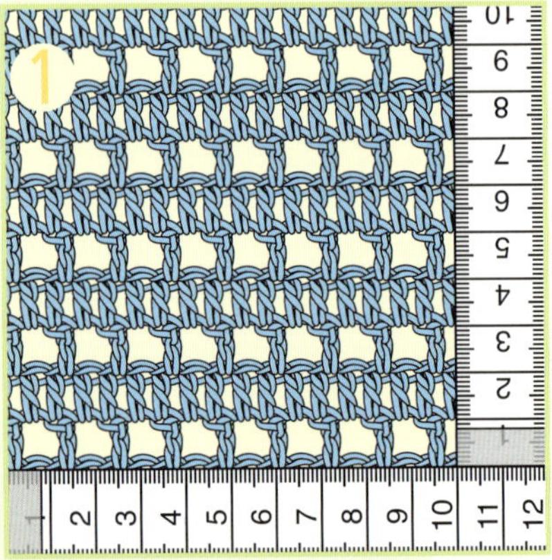

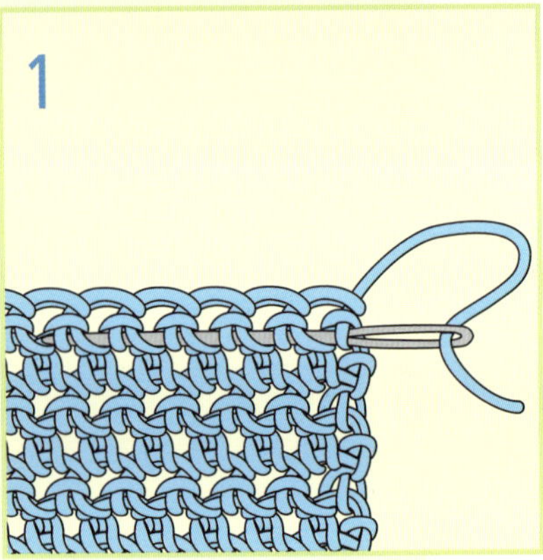

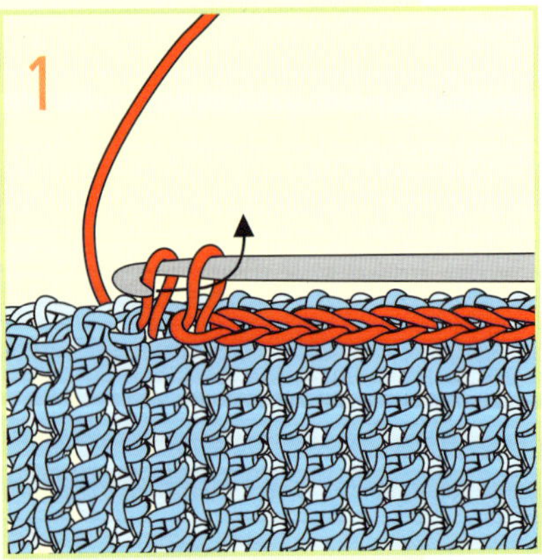

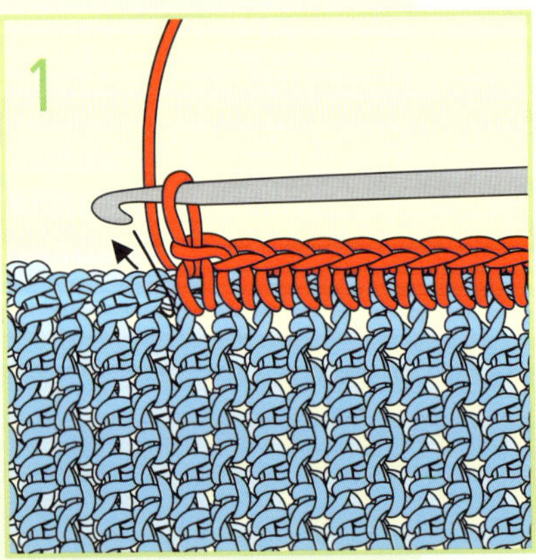

Maßnehmen
Damit die selbst gehäkelten Modelle auch passen: Bitte nachmessen! In den Größentabellen unten finden Sie dann die Größe, die den ermittelten Körpermaßen entspricht. Zu jeder Anleitung gehört außerdem ein Schnitt, der alle Maße im Überblick zeigt. Vergleichen Sie diese Angaben mit einem Kleidungsstück, das Ihnen gut passt, so können Sie abschätzen, wie das Modell bei Ihnen sitzen wird.

Brustumfang: Einmal rundherum auf Brusthöhe gemessen.

Taillenweite: Schön locker ohne zu schnüren einmal rundherum um die Taille gemessen.

Hüftweite: Waagerecht einmal rundherum an der stärksten Stelle gemessen.

Maßtabellen
Die Maßtabellen helfen bei der Auswahl der richtigen Größe. Vergleichen Sie die gemessenen Körpermaße mit den Werten in der Tabelle.

Damengrößen

Größe	34	36	38	40	42	44	46	48	50	52	54
Oberweite	82	84	88	92	96	100	104	108	112	116	120
Taillenweite	62	64	68	72	77	82	87	92	97	102	107
Hüftweite	88	90	94	98	102	106	110	114	118	122	126

Grundkurs

Maschenprobe
Voraussetzung Nr. 2, damit alles passt: Die Maschenprobe muss stimmen! Dafür sollte das verwendete Garn in etwa dieselbe Lauflänge haben wie das Originalgarn. Diese wird daher in jeder Materialangabe genannt.
Häkeln ist außerdem sehr individuell; einer arbeitet lockerer, der andere fester, und das beeinflusst die Größe des fertigen Stücks. Damit alle Teile den gewünschten Maßen entsprechen, wird in jeder Anleitung eine Maschenprobe vorgegeben, die beim Häkeln eingehalten werden muss, sonst fällt das Ergebnis größer oder kleiner als angegeben aus. Dies gelingt durch die Wahl der richtigen Nadelstärke.
1. Zunächst eine Häkelprobe anfertigen und prüfen, ob dieselbe Maschen- und Reihenzahl erreicht wird, wie vorgegeben. Dafür ein mindestens 12 x 12 cm großes Stück im angegebenen Muster arbeiten und dann nachzählen: Wie viele Maschen in der Breite und wie viele Reihen in der Höhe ergeben 10 x 10 cm. Hat die Probe mehr Maschen als in der Maschenprobe angegeben, 1/2 bis 1 Stärke dickere Nadeln nehmen. Hat die Probe weniger Maschen, heißt es dünnere Nadeln verwenden.

Grundkurs

Faden vernähen
Ist die Arbeit beendet, müssen Anfangs- und Endfäden so gesichert werden, dass sie sich nicht mehr lösen und gleichzeitig nicht auffallen.
1. Das Fadenende in eine stumpfe Wollnadel einfädeln und in die Maschen einziehen. Dabei möglichst nicht durch das Garn stechen. Bei sehr lockeren Maschenbildern evtl. nochmals eine Reihe tiefer in die Gegenrichtung vernähen. Dann den Faden abschneiden.

Konfektionieren: Nähte

Sind alle Teile fertig, dann geht es ans Zusammennähen. Damit die Nähte unauffällig, fest und dennoch elastisch sind, werden dabei unterschiedliche Stiche verwendet.
Wie gerade Ärmel (▸ 46) und Ärmel mit Armkugel (▸ 42) eingesetzt werden, wird bereits bei den Projekten erklärt. Dort kommt dann auch schon der Steppstich vor (▸ 42), der sich für alle ungleichen Kanten oder für Nähte durch mehrere Lagen, wie bei den Kissen (▸ 14), eignet.

Grundkurs

Häkelnaht mit Kettmaschen

Die schnellste Variante: Einfach beide Teile mit Kettmaschen zusammenhäkeln. Sie eignet sich vor allem für feste, unelastische Nähte und – da sie sehr schnell von der Hand geht – für große Stücke.

1. Teile rechts auf rechts (also mit den Innenseiten nach außen) exakt aufeinander legen. Durch beide Lagen einstechen, den Faden durchholen und durch die Schlinge auf der Nadel ziehen. Stets wiederholen, bis das Ende der Naht erreicht ist. Die Kettmaschenreihe legt sich an der Kante vor die obere Lage.

Grundkurs

Häkelnaht mit festen Maschen

1. Häkelteile exakt aufeinander legen und mit einer Reihe fester Maschen (▸ 6) verbinden. Es wird jeweils durch beide Teile eingestochen. Die Feste-Maschen-Reihe legt sich dabei automatisch auf die Kante. Die Naht ist also recht dick und eignet sich vor allem für außen liegende Ziernähte, die oft auch in Kontrastfarben gearbeitet werden, wie zum Beispiel bei den Handtaschen (▸ 6–9),
2. An den Ecken in die letzte Einstichstelle vor der Ecke mehrmals einstechen, damit sich die Naht ohne zu verziehen um die Ecke legt. Meist werden 3 Maschen in die Eckmasche gearbeitet und dann die nächste Kante behäkelt.

Grundkurs

Stoßnaht

Eine vielseitige Naht, die schön flach liegt und das exakte Aufeinandertreffen von Farb- oder Musterstreifen ermöglicht, da sie auf der Vorderseite gearbeitet wird. Sie wird zum Beispiel zum Schließen der seitlichen Nähte oder der Ärmelnähte eingesetzt und eignet sich auch für gröbere Maschenbilder, Filet- und Gittermuster.

1. Die Teile mit der rechten Seite nach oben parallel nebeneinander legen. Immer im Wechsel jeweils waagerecht durch die Kante des oberen Teils von rechts nach links stechen, dann ebenso durch das untere Teil stechen. Nach 2–3 cm den Arbeitsfaden anziehen, damit sich die Teile übergangslos aneinander fügen.

Grundkurs

Stoßnaht an Ober- und Unterkanten

Diese Nahtvariante eignet sich für gerade Kanten an denen die Arbeit beendet oder begonnen wurde, wie beispielsweise Schulternähte.

1. Die Teile mit der Innenseite nach oben parallel nebeneinander legen. Mit jedem Stich an beiden Teilen jeweils ein Maschenglied erfassen.

Grundkurs

Einzelmotive verbinden

1. Die Teile mit der rechten Seite nach oben so nebeneinander legen, wie sie fixiert werden sollen. An der rechten Kante beginnen, jeweils nur das hintere Maschenglied der Teile, die an der jeweiligen Stelle verbunden werden sollen, erfassen.

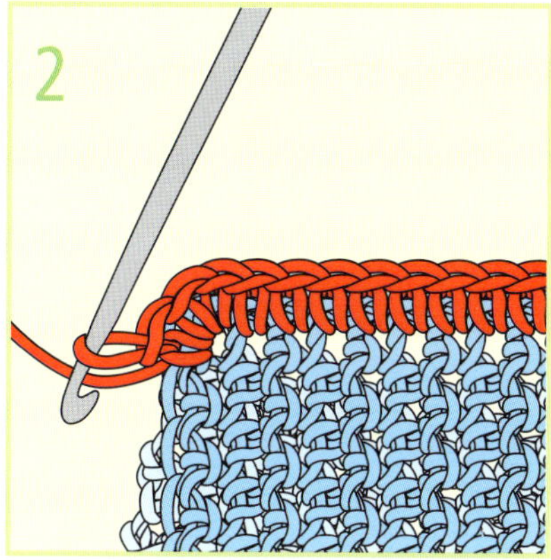

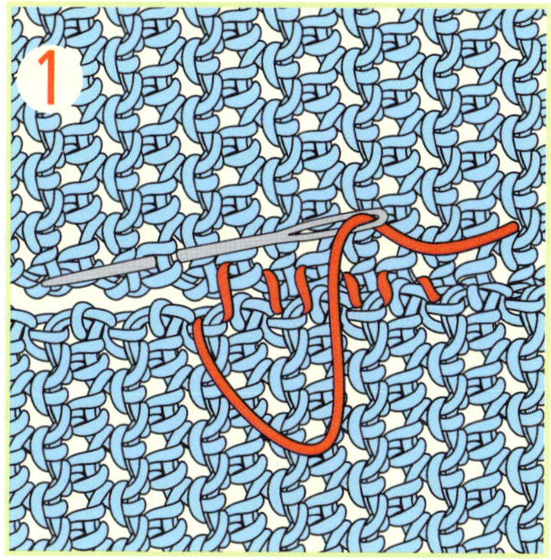

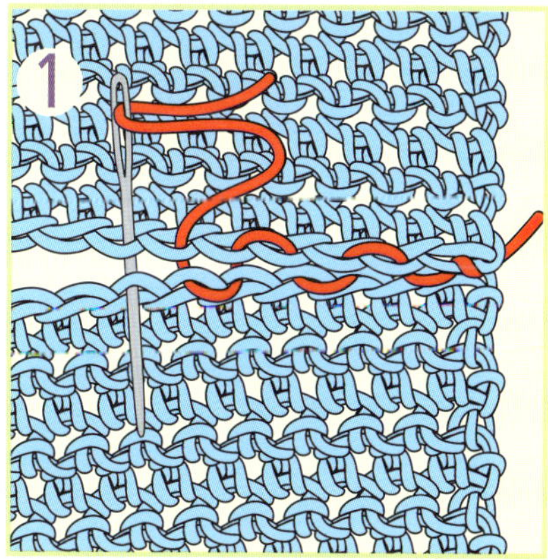

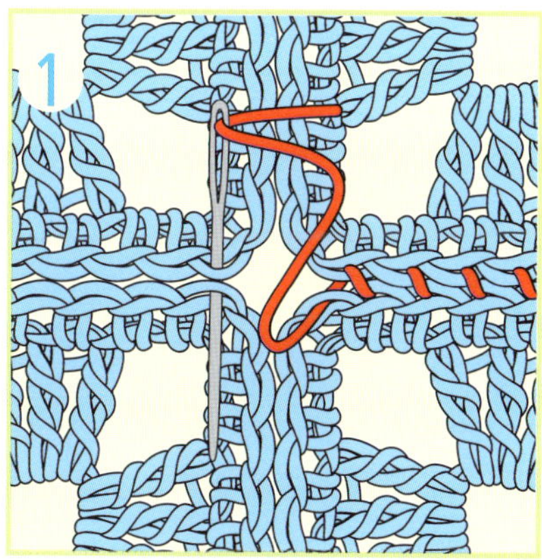

Dekorative Details

Oft sind es die Kleinigkeiten in der Ausarbeitung, die eine Handarbeit erst perfekt machen. Wir stellen Ihnen die besten Techniken für diesen letzten Schliff vor!

Grundkurs

Krebsmaschen

Krebsmaschen sind feste Maschen, die von links nach rechts gehäkelt werden.

Krebsmaschen ergeben eine feste und gleichmäßige Abschlusskante, die besonders dekorativ wirkt.

1. Die Arbeit nicht wenden, sondern in die vorletzte Masche der Vorreihe von vorn nach hinten einstechen und den Faden zu Schlinge durchholen.

2. Den Faden um die Nadel legen und diesen Umschlag durch beide Schlingen auf der Nadel ziehen.

3. Weiter im „Krebsgang", also rückwärts, häkeln, dabei die Schritte 1 und 2 stets wiederholen.

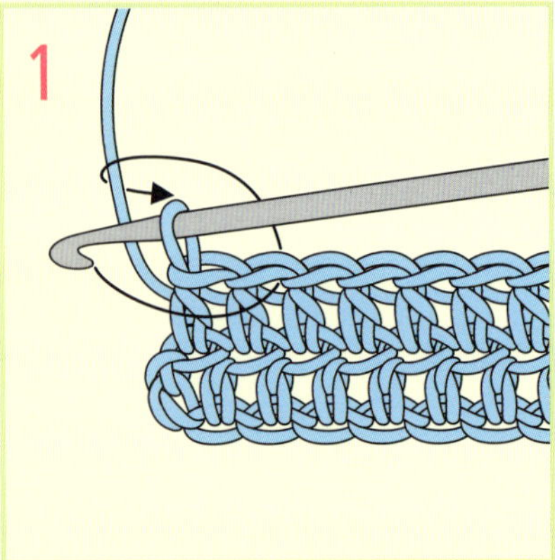

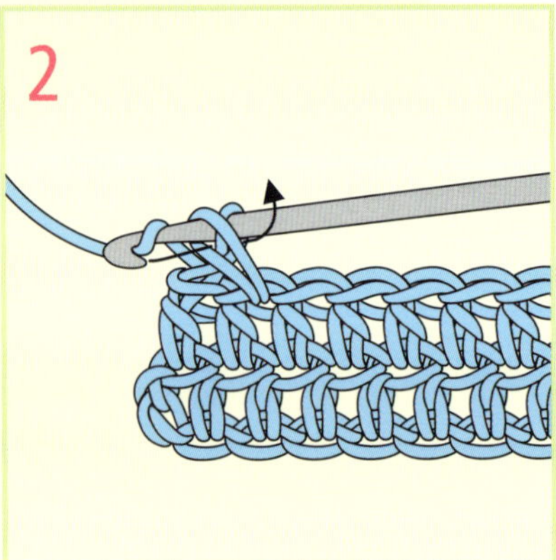

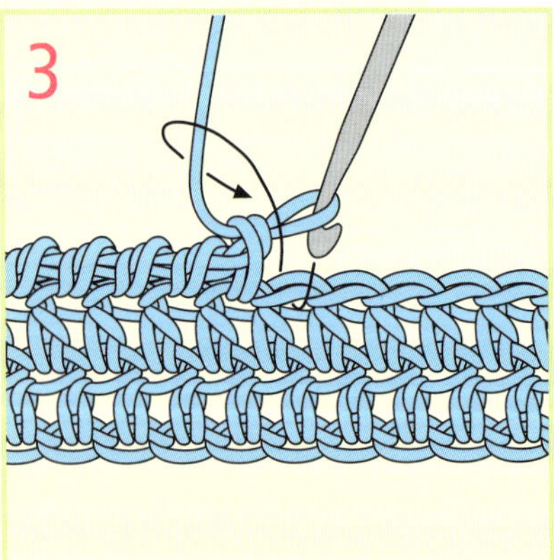

Grundkurs

Fransen einknüpfen

1. Fäden wie in der Anleitung angegeben zurechtschneiden (Fadenlänge = Fransenlänge x 2 + 1 cm für den Knoten). Mit der Häkelnadel an der gewünschten Stelle einstechen und das Fadenbündel in der Mitte fassen.
2. Die Fäden vorsichtig durchziehen, so dass eine Schlinge entsteht.
3. Mit der Häkelnadel von rechts nach links in die Schlinge einstechen, die Fäden fassen und durch die Schlinge ziehen. Den Knoten festziehen.

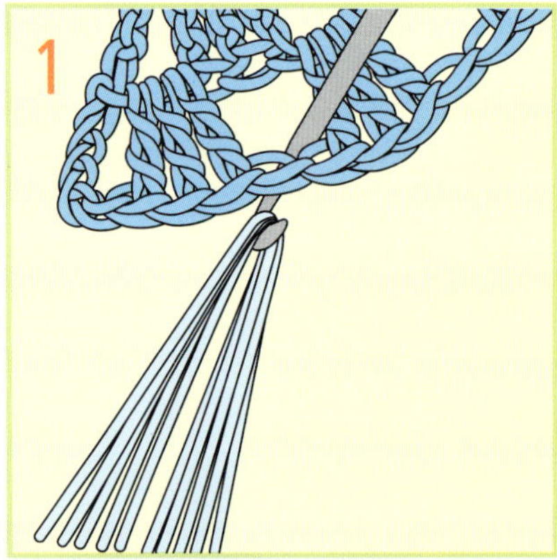

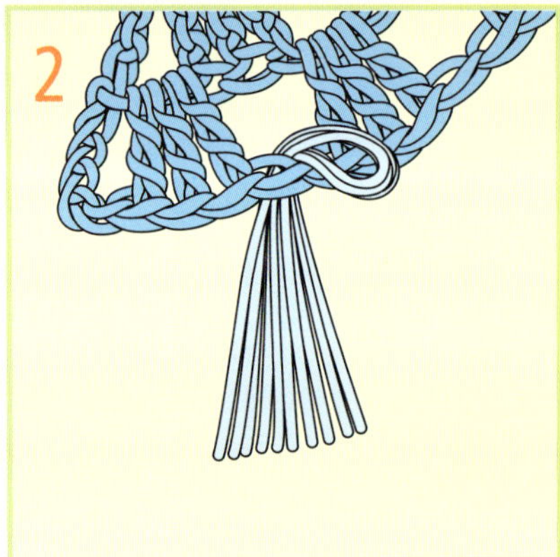

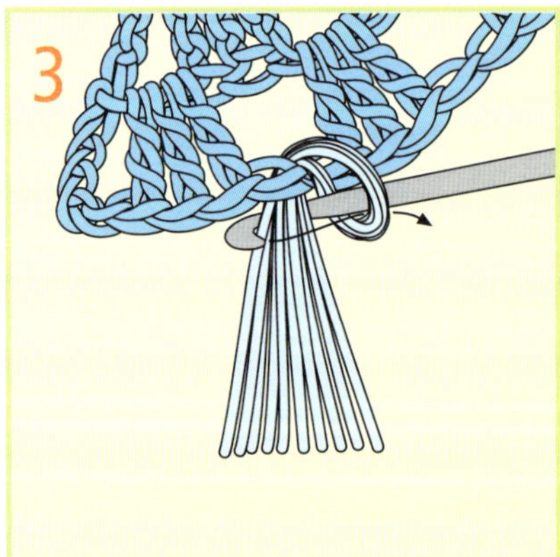

Grundkurs

Kordeln drehen

1. Fäden in dreifacher Länge der endgültigen Kordellänge zuschneiden. Das offene Ende mit einem Knoten sichern und fixieren (zum Beispiel über einen Haken oder eine Klinke hängen). In das geschlossene Ende eine Häkelnadel o. Ä. einhängen, dann fällt das Drehen leichter. Fäden

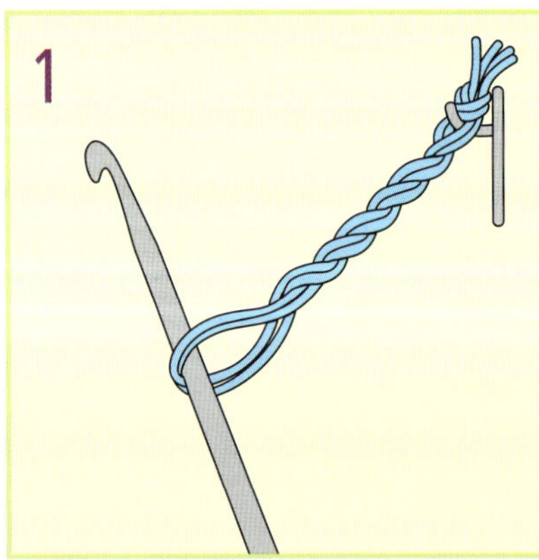

spannen und die Häkelnadel stets in eine Richtung drehen, bis die Fäden so fest verdreht sind, dass sie sich beim Nachlassen der Spannung sofort zusammenringeln. Nun in die Mitte einen schweren Gegenstand (zum Beispiel eine Schere) einhängen, und Anfang und Ende der Fäden zusammennehmen: Die Schere beginnt zu rotieren, die Kordel dreht sich von der Mitte her zusammen. Dreht sich die Schere nicht mehr weiter, diese entfernen, an beiden Enden der Kordel einen festen Knoten machen und die Endfäden aufschneiden.

Grundkurs

Luftmaschenfransen

1. Den Faden anschlingen.
2. Die in der Anleitung genannte Anzahl Luftmaschen (▸ 6) häkeln.
3. In die folgende Masche eine Kettmasche (▸ 11) arbeiten. Schritt 2 und 3 stets wiederholen.

Bei dickeren Garnen sieht es oft besser aus, wenn die Luftmaschenfransen nur in jede zweite Masche gearbeitet werden. Dafür je eine Masche übergehen und die Kettmasche jeweils in die übernächste Masche arbeiten.

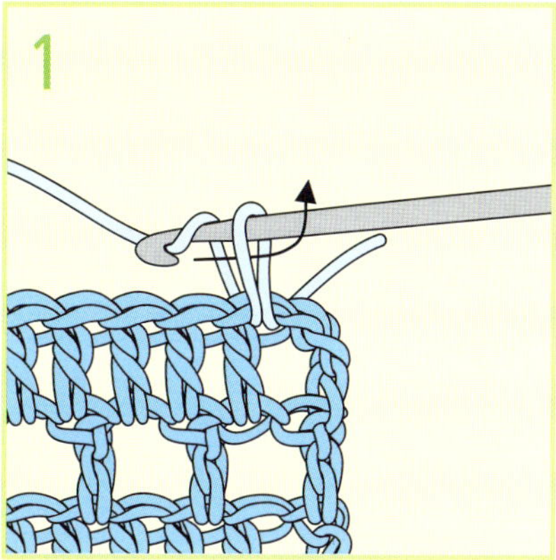

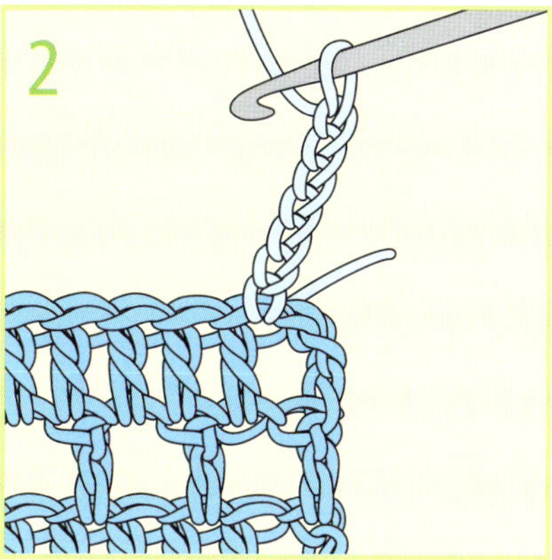

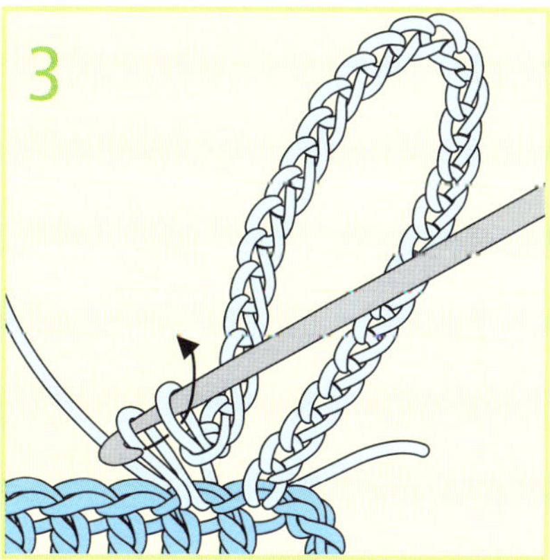

Grundkurs

Pompon

1. Aus fester Pappe 2 Kreise mit einem mittigen Loch jeweils mit dem in der Anleitung angegebenen Durchmesser anfertigen. Diese beiden Pappkreise aufeinander legen.
2. Garn mit einer Wollnadel durch die Mitte führen und so den Ring locker und dicht umwickeln.
3. Mit einer Schere die Umwicklung vorsichtig am Rand zwischen den beiden Pappringen aufschneiden und die beiden Pappringe nicht mehr als einen Zentimeter weit auseinander ziehen.
4. Mit einem doppelten Faden zwischen den Pappringen den Pompon fest abbinden und die Fäden gut verknoten. Mit diesen Fäden kann der Pompon später befestigt werden.

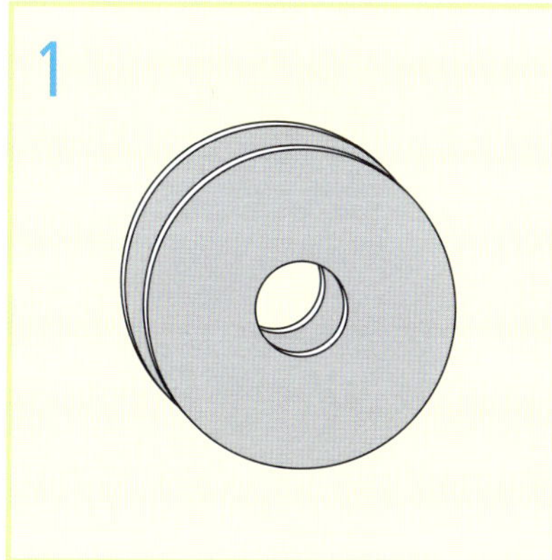

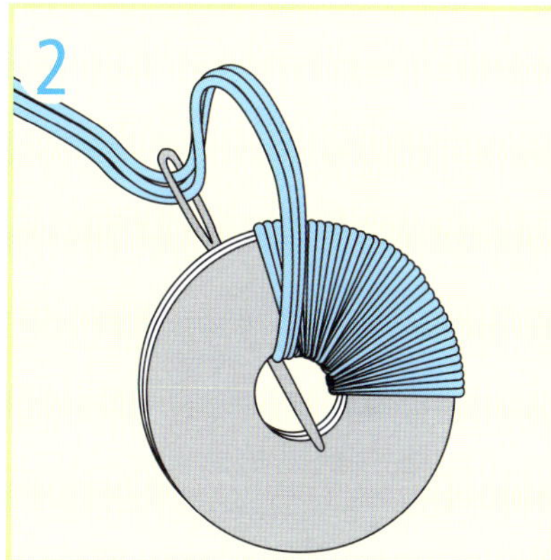

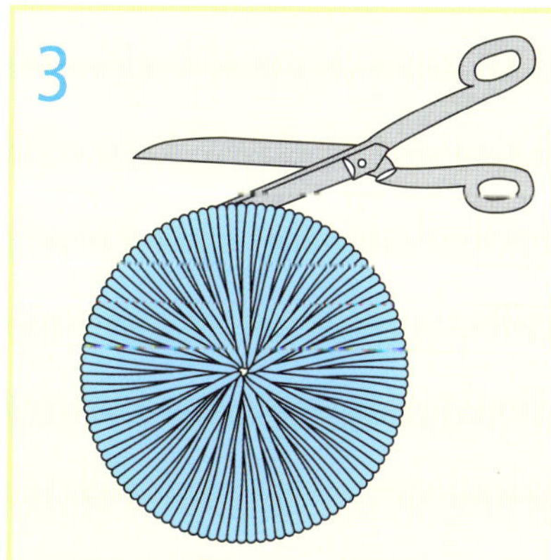

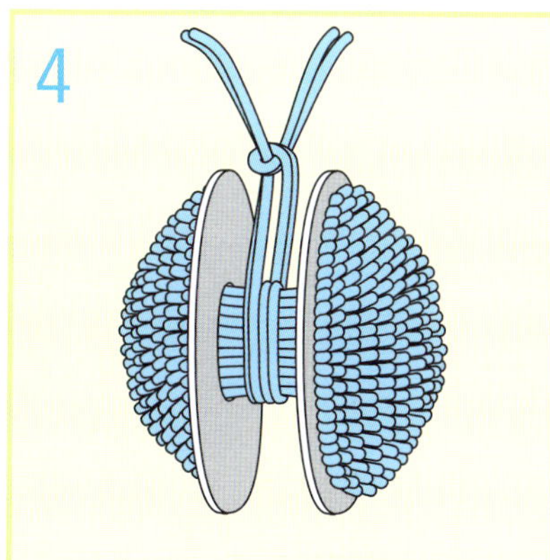

Tipp:

Im Fachhandel gibt es Pompon-Sets mit vorgefertigten Ringen aus Plastik. Damit ist die Bommel-Herstellung noch einfacher!

Bezugsquellenverzeichnis

Garne und Zubehör:

„Anchor"- und „Coats"-Garne, über COATS GmbH, Kenzingen, www.coatsgmbh.de, Schweiz: Coats Stroppel AG, CH-5300 Turgi, Österreich: Coats Harlander Vertriebs GmbH, A-1211 Wien; **Fischer Wolle,** Georg Fischer GmbH, Babenhausen, www.fischer-wolle.de; **Goldzack,** über Prym Consumer GmbH & Co. KG, Stolberg, www.prym-consumer.com, (Bügelapplikation Seite 7) **Gütermann AG,** Gutach/Breisgau, www.guetermann.com, (Textilkleber HT2 Seite 9 und 34); **IKEA,** Ikea Einrichtungshaus-GmbH, www.ikea.de, (Decken Seite 48); **Jim Knopf,** Knopfhandel + Design, Offenbach/Main, (Lederknöpfe Seite 44, Holzknöpfe Seite 46); **Junghans-Wollversand,** Aachen, www.junghanswolle.de; **KnorrPrandell GmbH,** Lichtenfels, www.bastelideen.com, (Margeritenblüten Seite 9, Kristallschliff-Rundperlen Seite 10, Holzperlen Seite 12, Füllwatte Seite 30, Sortimentsbox handbemalte Glasperlen Seite 32, Broschennadel Seite 32, Holzperlenmischungen Seite 34, Lederriemen Seite 34); **Lana Grossa GmbH,** Gaimersheim, www.lanagrossa.de; **Lang Garn & Wolle GmbH,** Korschenbroich, www.langyarns.ch, für die Schweiz: LANG & CIE, CH-6260 Reiden, für Österreich: ELISA Großhandels GmbH, A-3380 Pöchlarn; **Prym Consumer GmbH & Co. KG,** Stolberg, www.prym-consumer.com, (Magnetverschluss Seite 9, Gürtelschließe Seite 10, Kette und Taschenverschluss Seite 54); **Schachenmayr,** Coats GmbH, Kenzingen, www.coatsgmbh.de, für die Schweiz: Coats Stroppel AG, CH-5300 Turgi, für Österreich: Coats Harlander Ges.m.b.H., A-1211 Wien; **Schoeller + Stahl,** Schoeller Süssen GmbH, Süssen, www.schoeller-und-stahl.de, für Österreich: Messerle & Rein, Textil-Großhandel, Lauterbach b. Bregenz; **UNION KNOPF,** Bielefeld, www.unionknopf.com, (Gürtelschnalle Seite 7 und 12)

Impressum

Konzept und Anleitungen:
Janne Graf

Lehrgangszeichnungen:
Brigitte Fischer

Lektorat und Fachkorrektur:
Maria Böhly-Maier

Redaktion:
Janne Graf, Anke Sturm

Fotos:
Uzwei Fotodesign, Uli Glasemann, Seite 7, 13, 15, 23, 29, 31, 33, 35, 39, 49, 51, 53 und 55
Peter Münnich, Seite 9, 11, 17, 19, 21, 25, 27, 37, 41, 43, 45, 47 und 57

Styling:
Elke Reith, Seite 7, 13, 15, 23, 29, 31, 33, 35, 39, 49, 51, 53 und 55
Marliese Vogt, Seite 19, 37, 41, 43, 45 und 47
Dagmar Dobrofsky, Seite 9, 11, 17, 21, 25 und 27

Entwürfe:
Maria Böhly-Maier, Seite 50 (1)
Coats Design, Seite 30
Janne Graf, Seite 6, 8, 14, 16, 18, 32, 34, 38, 44, 46, 48 und 52 (1)
Seite 10, 12 und 36 nach einer Idee von Ursula Marxer
Seite 40 und 42 nach einer Idee von Elisabeth Plauert
Seite 22 nach einer Idee von Atelier Süssen
Junghans Wollversand, Seite 56
Lana Grossa, Seite 20, 26 und 28
Carolin Schwarberg, Seite 54
Monika Wilhelm, Seite 50 (1) und 52 (1)

Modellanfertigung:
Atelier Süssen, Seite 10, 12, 44, 46
Fatma Birinci, Seite 18, 24 und 38
Sabine Heimann, Seite 6, 8 und 30
Ingrid Mayer, Seite 16

Häkelschriften und Schemazeichnungen:
Sabine Schidelko

Layout und Schnitte:
Heyde Design, Grenzach

Reproduktion:
Baun PrePress, Fellbach

Druck und Bindung:
Bilnet Printing, Istanbul

ISBN 978-3-8410-6051-8
Art.-Nr. OZ6051

3. Auflage 2012